日本語
ライブラリー

漢 語

沖森卓也

肥爪周二

［編著］

朝倉書店

編著者

沖<ruby>おき</ruby>森<ruby>もり</ruby>卓<ruby>たく</ruby>也<ruby>や</ruby>　立教大学文学部　　　　　　　　　　　　　　　（1.1-1.3 節，5.1-5.4 節）

肥<ruby>ひ</ruby>爪<ruby>づめ</ruby>周<ruby>しゅう</ruby>二<ruby>じ</ruby>　東京大学大学院人文社会系研究科　　　　　　　　　　　　　　　（3章）

著　者（50音順）

石<ruby>いし</ruby>山<ruby>やま</ruby>裕<ruby>ゆう</ruby>慈<ruby>じ</ruby>　神戸大学大学院人文学研究科　　　　　　　　　　（2章，5.5 節）

櫻<ruby>さくら</ruby>井<ruby>い</ruby>豪<ruby>たけ</ruby>人<ruby>ひと</ruby>　茨城大学人文社会科学部　　　　　　　　　　　　（1.4-1.7 節）

須<ruby>す</ruby>永<ruby>なが</ruby>哲<ruby>てつ</ruby>矢<ruby>や</ruby>　昭和女子大学人間文化学部　　　　　　　　　　　　　（4章）

孫<ruby>そん</ruby>　建<ruby>けん</ruby>軍<ruby>ぐん</ruby>　北京大学日本言語文化学部　　　　　　　　　　　　（5.6 節）

成<ruby>ソン</ruby>　玧<ruby>ユン</ruby>婀<ruby>ア</ruby>　祥<ruby>サンミョン</ruby>明大学人文社会大学　　　　　　　　　　　　　（5.7 節）

は じ め に

　「漢語」は中国では〈漢民族の言語〉を意味しますが，もともと中国で使われていた語が日本語でも用いられたことから，日本では，同じ呼び名で〈漢字の音で読む語，音読語〉の意を表します．すなわち，固有語である和語に対して，漢語は外来語と同じく借用された語彙に含まれます．日本語ライブラリーでは，借用語一般は外来語と合わせて『ことばの借用』で扱っていますが，その重要性・特異性に鑑みて『漢語』をテーマとした書を新たに刊行するものです．

　漢語には中国由来のものがある一方，日本で独自に作り出されたものも多く，語形や意味の面で変化を遂げたものも枚挙に遑（いとま）がありません．現代の新聞・雑誌などに用いられる書き言葉を数量的に調査すると，漢語は異なり語数・延べ語数ともに，和語・外来語を凌駕しています．つまり，現代日本語において，漢語は最も重要な語種であると言ってもよいでしょう．しかし，漢語は外来語に比べて言及されることの少ない，目立たない存在のように見受けられます．そこで，このような漢語について，発音や語形，表記，そして文法や意味などの面に至るまで，その体系と歴史について幅広くわかりやすく解説することにしました．

　豊富な言語資源である漢語を自在に使いこなすことで，日本語の運用がより適切で豊かになるに違いありません．また，漢語のもつ性質を的確に理解することが，和語や外来語についてより認識を深めることにもなります．本書を通して，ことばについての新たな視点が得られることを期待します．

　2017 年 9 月

編　　者

目　　　次

語種・出自からみた漢語

1.1 語 種

　日本語の語彙には，古くから日本固有の語として用いられてきた語（単語）のほかに，他の言語に由来する語もある．たとえば，「やどや（宿屋）」に対する「旅館」「ホテル」のように，書き表す文字にも特徴があったり，語から受ける感じにも違いがあったりする．どの言語に由来するかによって語を分類したものを語種といい，これには和語・漢語・外来語，そして，それらが混成した混種語がある．

1.1.1 和 語

　和語は日本固有の語とされるもので，「やまとことば」ともいう．ただ，日本に固有のものといっても，日本語の系統が不明である以上，何が固有であり，借用であるかは実は極めて曖昧である．たとえば，「かみ（紙）」は後漢の蔡倫の発明とされていて，日本に固有のものではない．また，「てら（寺）」は仏教の伝来とともに建設されたものであって，これも固有の語とはいえない．これらはそれぞれ中国語の字音「簡（カン）」，古代朝鮮語「チョル」（〈寺〉のこと）に由来するといわれており，古くから大陸の異民族と接触し，その文化を摂取してきたのに伴って借用されたものである．このように，固有語と意識されている語彙のなかには固有のものとはいえないものもある．

　しかし，その一方で「ひと・ふた・み」の数詞や「やま」「そら」などの自然関係の語など，古来より用いられてきたであろうと推測できる語も多く，日本語の根源的性質を考えるうえで，これもまた重要な概念である．そこで，消

極的な概念規定ではあるが，字音による語でないものを和語と扱うのが一般的
である．すなわち，「紙」「寺」には「シ」「ジ」という音がある一方，訓の「か
み」「てら」があることから，そのような訓に相当するものを「和語」と扱う
のである．これに対して，漢字の音で成り立っている語が「漢語」ということ
になる．音訓の違いは日本語表記において普通に意識されるものであり，また，
辞典や教科書で，漢字の音を片仮名で，訓を平仮名で示すこともよくみられる
ように，その扱いには明らかな差異がある．このように，「和語」は厳密に語源・
語誌を探求したうえでの分類によるものではなく，おおよそ漢字音や漢語と区
別される漠然とした概念である．

1.1.2　漢　語

「漢語（汉语 hànyǔ）」は現代中国語では漢民族の言語のことをさすが，日
本語でいう「漢語」は前述のように，漢字の音で構成されている語をさし，字
音からなるという特徴から「字音語」と呼ばれることもある．もともと中国語
であったものが日本語に借用されるようになった一方で，日本で作られた語も
相当数あることから，「字音語」と呼ぶ方がその性質に合致する．もとより漢
語には借用語的な性格があるが，「外来語」と区別されるのも，漢字という文
字体系が介在して，その音によって構成された語であるという意識によるもの
である．このほか，韓国語には「漢字語」という言い方もあるが，それは漢字
の字音でしか読まないという特徴によるもので，漢字において訓をもたないこ
とから成り立つ言い方である．

　奈良時代の語彙はほとんどが和語で占められているが，『万葉集』(8世紀後
半の成立）には「塔・力士・餓鬼・双六・法師」など漢語も少数ながら歌い込
まれており，「梅・馬」など一字漢語に由来する字音語も用いられている．平
安時代以降は，名詞として広く借用されるほか，「念ず」「供養す」などのサ変
動詞，「執念し」「非常なり」などの形容詞・形容動詞のほか，「装束く」のよ
うなカ行四段活用動詞となる言い方にも使われるようになり，漢語は時代が下
るにしたがって，次第に日本語の語彙体系に浸透していった．さらに，明治以
降は西洋の新しい概念を移入したり，新たに造語したりする際に漢語によって
言い表すことが急増したため，漢語の比率はますます高まることとなった．

　ちなみに，状態や感情など言葉で直接言い表しにくいさまを音で象徴させて言語化した，オノマトペに相当する漢語もある．「然」（俄然・茫然），「爾」（莞爾・率爾）など下に助字を添えたり，「峨々」のように同字を重ねたりするもののほか，次のような特徴的な語構成による熟語もある．

　　双声（同じ頭子音の字を重ねる）：　髣髴　　磊落　　伶俐　　玲瓏
　　畳韻（同じ韻の字を重ねる）：　　　逍遙　　徘徊　　朦朧　　爛漫

　表記のうえで，漢語は一般に漢字で表記される．ただし，常用漢字表にない漢字を含む場合はその音の部分を「補てん」「ばん回」「伴りょ」のように平仮名で書くのが通例である．このような，漢字と仮名を交える表記を「交ぜ書き」と呼ぶ．なかには，「せっけん（石鹸）」「でんぷん（澱粉）」や，副詞の「とうとう（到頭）」「だいたい（大体）」など，すべて平仮名で書かれることが多いものもある．一方，漢語が片仮名で表記される場合もあり，動植物名の類は，学名が片仮名で書かれるほかにも「リンゴ（林檎）」「ゾウ（象）」「カバ（河馬）」などと書かれることもあり，一部の語には「ガン（癌）」「フーテン（瘋癲）」「ワイセツ（猥褻)」のように片仮名表記が習慣化しているものもある．

1.1.3　外来語・混種語

　日本語は古くから和語以外の単語を外国から取り入れてきたが，ここでいう外来語は，1543 年にポルトガル船が種子島に漂着した後，西洋の言語を中心として借用した語をいう．国際的な交流が始まって，ポルトガル語，江戸時代に入ってオランダ語，幕末期以降は英語・フランス語・ドイツ語などからも借用された．このような外来語は片仮名で書かれる習慣がある一方，次のように漢字表記されることもある．

　　煙草（タバコ）　　莫大小（メリヤス）　　麦酒（ビール）　　硝子（ガラス）
　　襦袢（ジュバン）　　合羽（カッパ）　　珈琲（コーヒー）　　倶楽部（クラブ）

　同じく，外来のサンスクリットを起源とする「三昧」「曼珠沙華」などは漢語を経由したものであるから外来語ではなく，他方，漢字で書かれ音で読む場合であっても，「缶」はオランダ語 kan，英語 can に由来する語の当て字であり，その「カン」はいうまでもなく外来語である．

　「混種語」とは和語・漢語・外来語のうち複数の語種からなる語をいう．

　　　和語と漢語：　組曲　　場面　　番組　　税込み
　　　和語と外来語：　おためしプラン　　　おろしハンバーグ
　　　漢語と外来語：　豆腐サラダ　　ライブ中継　　ラジオ放送
　　　和語と漢語と外来語：　えびフライ定食　　　ガス瞬間ゆわかし器
　このうち，和語（訓）と漢語（音）が一語のうちで混在している語は音訓の
順序によって「重箱読み」「湯桶読み」と呼ぶ（1.3 節参照）．

1.1.4　語種の中の漢語

　このような語種が現代語ではそれぞれどれほどを占めるか，国立国語研究所
の調査によれば，表 1.1 のとおりである．

　1956 年と 1994 年を比べると，この間に外来語が大きく増え，異なり語数で
は漢語をも上回るようになったことが目をひく．ただし，延べ語数では，漢語
が和語を上回り，また外来語よりも圧倒的に多くの比率を占めていることから，
漢語の存在感はより高まっているともいえる．

　1994 年の調査を，本文と広告という記事タイプ別に集計したのが表 1.2 で
ある．漢語は，広告では異なり語数で外来語よりも劣るものの，和語に対して
は延べ語数でも圧倒していることがわかる．このことからみると，新たに使わ

表 1.1　現代雑誌の語種別語彙量（人名・地名を除く自立語）

	現代雑誌 70 種（1994 年刊行）		現代雑誌 90 種（1956 年刊行）	
	延べ語数	異なり語数	延べ語数	異なり語数
和　語	248,098 (35.8)	11,530 (25.4)	221,875 (53.9)	11,134 (36.7)
漢　語	345,142 (49.8)	15,214 (33.6)	170,033 (41.3)	14,407 (47.5)
外来語	85,710 (12.4)	15,779 (34.7)	12,034 (2.9)	2,964 (9.8)
混種語	14,223 (2.0)	2,862 (6.3)	8,030 (1.9)	1,826 (6.0)

（国研 2005）　　　　　　　　　（国研 1962 〜 4）

表 1.2　現代雑誌 70 種の記事タイプ別

	本　文		広　告	
	延べ語数	異なり語数	延べ語数	異なり語数
和　語	217,994	10,970 (27.7)	30,104	3,532 (19.7)
漢　語	241,078	14,092 (35.5)	104,064	6,266 (35.0)
外来語	56,270	12,190 (30.7)	29,440	7,275 (40.7)
混種語	10,274	2,407 (6.1)	3,949	817 (4.6)

れる語は外来語が多いのに対して，書き言葉として雑誌によく使われる語は漢語がより比重を増しているといえる．とりわけ，広告における延べ語数が約62％を占めているということは，漢語のもつ簡潔さ，力強さ，字義を通したわかりやすさを如実に示すものであろう．

1.2　漢語と字音体系

1.2.1　漢語の分類
漢語を分類する場合，いくつかの側面から分けられる．
- ・文字数：　一字漢語／二字漢語／三字漢語／四字漢語／……　　（第3章参照）
- ・所用の字音：　呉音漢語／漢音漢語／唐音漢語　（1.2.5項参照）
- ・品詞性：　漢語サ変動詞／漢語形容動詞／漢語副詞　（第4章参照）

表記に用いられた漢字と語形の関係については次のように分類される．
- ・同形異読：同一の漢字表記に複数の読み（音読みと訓読み）があるもの（5.4節参照）
  - 例：山道（サンドウ／やまみち）
- ・同形異音：同一の漢字表記に複数の字音読みがあるもの（同形異読の一）（1.2.5項参照）
  - 例：人間（ニンゲン／ジンカン）
- ・同音異字：同一の音形（語形）に複数の漢字表記があるもの
  - 例：ショウメイ（証明／照明）
- ・同字異順：同じ漢字で構成されるが，順序が異なるもの（5.3節参照）
  - 例：接近・近接

同形異音のうち，字音体系の差による場合は5.3節を，同音異字のうち，当用漢字の表内字への書き換えによって複数の漢字表記がある場合は2.4節を参照されたい．以下，字音体系との関係で漢語を扱うことにする．

1.2.2　字音の構造
漢字は表語文字ともいわれるように，そのまま語に相当する．そして，字音は一音節からなることから，一音節単語が基本となる．なかには，例外的に「葡萄（ブドウ）」「齷齪（アクセク・アクサク）」などのように二字以上が不可分

の関係で単語を構成する場合もあるが，それらは借用語やオノマトペに属するものである．

　字音の音節構造はかなり複雑で，隋・唐時代では次のようであった．

「官」　k　　w　　a　　n　　／　　平声（日本漢字音クヮン）
　　　頭子音　介音　中核母音　韻尾　　　声調
　　　｜
　　　声　　　　　　韻

　伝統的な中国語音韻学では，頭子音を「声」，それ以外の声調を含む部分を「韻」と呼ぶ．学説によってその数は少し異なるが，この時代の頭子音（consonant）はおよそ36，介音（semi-vowel）はyとw，中核母音（vowel）はおよそ9あったと推定されている．また，韻尾（final）には母音韻尾のi、u（これを副母音ともいう）のほか，子音韻尾のm, n, ng（これを鼻音韻尾と呼ぶ）とp, t, k（これを入声韻尾と呼ぶ）があった．声調（tone）には平声，上声，去声という高低関係が弁別特徴となる音調があった（これに平声軽（東声）を区別する場合もある）．この平声・上声・去声に入声を加えて四声と呼ばれるが，入声はp, t, kで終わる音節を呼ぶもので，前者の三つとは声質を異にする（入声軽（徳声）と入声とで，音節冒頭部の音の高さを区別する場合もある）．このような字音構造の音節（syllable）を，それぞれの要素を省略した記号（C，S，V，F，T）で表すと，$S_c = CSVF ／ T$となる（cはchineseの略で，S_cは中国語の音節のこと）．

　日本語と中国語は子音の数，母音の数，およびその組み合わせ方などを含め音韻体系が異なるため，おおよそ次のように受け入れた．子音・母音はよく似た音に対応させ，介音がある場合はヤ行拗音，ワ行拗音とし，韻尾については，m・n韻尾はン（古くm韻尾はム），ng韻尾はウ，p韻尾はウ（字音仮名遣いではフ），t韻尾はチ・ツ，k韻尾はキ・クでそれぞれ対応させた（例：トウ（東ng韻尾），ホ<u>ウ</u>〈ホ<u>フ</u>〉（法），イ<u>チ</u>（一），ヤ<u>ク</u>（薬））．こうして日本語に受け入れられた字音を，中国語における字音「中国漢字音」と区別して「日本漢字音」という．

　前述したように，中国の字音構造の複雑さに対して，固有の日本語における音節構造は極めて単純であった．奈良時代以前の日本語では語頭に濁音は立たない，母音連続がない（二重母音がない），拗音がなく直音だけである，撥音・

促音がない（音節末尾に子音は立たない）などの特徴があって，これを要素の記号で表すと，$S_J = CV$（J は Japanese の略，S_J は日本語の音節のこと）となる．中国語の声調は考えに入れないにしても，この両者，$S_C = CSVF$ と $S_J = CV$ とを比較すると，その較差は極めて大きい．たとえば子音 k，母音 a である音節は，日本語では「カ」としかならないのに対して，中国語でそれを要素とする場合には，そのおおよそを単純化して現代語で想定しても次のようなものが対応する（語頭相当であるとし，声調は考慮しない．このほか，古くは，合拗音にクヮ，クヰ，クェもあった）．

　　カ，カイ，コウ（カウ），カン，カク，カツ，キョウ（キャウ），キャク
　　ガ，ガイ，ゴウ（ガウ），ガン，ガク，ガツ，ギョウ（ギャウ），ギャク

　すなわち，語としての音形が日本固有語の和語では，「かみ」「こころ」のように CVCV や CVCVCV という構造を基本とする，極めて単純なものであるのに対して，漢語でははなはだ変化に富んだものであり，聞いた印象もまるで異なっている．和語と漢語が古くから区別されてきた意識の背景には，このような音節構造の違いがあったことはいうまでもない．

1.2.3　字音体系

　漢字の音は，もとより中国語の発音に基づくものである．現代中国語では一つの漢字に声調は別として，複数の発音があることはあまりない．これに対して，日本語では一つの漢字に複数の音があることは決して少なくない．たとえば，「行」にはギョウ，コウのほか，アンという音もあり，それぞれの語（修行，行動，行脚）と結びついて使い分けられている．このような違いは，その字音が伝来した時代や，母胎となる地域の発音などによって異なるためである．特に，呉音と漢音は中国の異なる時代・地域の言語体系に基づいて伝わったことから，その音韻には後述するように対応関係に体系性が認められる．

　6 世紀になると，百済から五経博士が派遣されたという記事が『日本書紀』にあるが，その漢籍の伝来とともに伝わった漢字音が呉音である．また，百済からは 562 年（538 年とも）に仏教の公伝もあり，仏教用語も呉音によってもたらされた．百済は 5，6 世紀頃，中国南北朝時代の南朝，特に梁と交流が深かったことから，長江下流域の言語音を基盤とした漢字音が体系的に伝わ

り^(注1)，さらに日本にもたらされたのである．そのため，漢籍の名「論語」「文選」「五経」をロンゴ，モンゼン，ゴキョウ，官職・役所の名「太政大臣」「式部省」をダイジョウダイジン（ダジョウダイジン），シキブショウと読み，また仏教関係の「極楽」「法華経」をゴクラク，ホケキョウ（ホッケキョウ）というように読む．これら「文」をモン，「経」をキョウ，「大」をダイと読む呉音は早くに日本語の中に取り込まれ，日常語にも定着していった．

　7世紀に入ると，遣隋使の派遣が行われるようになり，直接に中国と交流するようになる．その後9世紀にいたるまで，遣唐使を派遣したり，また学僧・学者などが渡来したりして新しい漢字音を伝えることとなった．これが漢音である．唐は長安（現在の西安）に都があり，黄河中流域の言語音が標準的なものとして意識されたことから，正しい字音（正音）として，8世紀後半には朝廷がこの漢音の普及を奨励した．また，漢籍を学ぶという学問的世界では漢音が使われ続ける一方で，ついには呉音を圧倒するまでにはいたらず，今日まで呉音と併用されることとなっている^(注2)．

　その後，院政鎌倉時代になると，中国の長江下流域あたりを中心として，交易や人の往来が盛んになった．なかでも，中国江南の浙江地方の中国語が新たにもたらされた．それに用いられた漢字音を「唐音」（トウオン，またトウインとも読む），または「唐宋音」という．ただ，これはその後も江戸時代にかけて伝来した漢字音を総称するものでもあって，その時代差が大きいために，鎌倉室町時代のものを「宋音」，江戸時代のものを「唐音」と，もしくは，前者を「唐音」，後者を「華音」とも呼んで区別することもある．禅宗を通して伝来した語彙に使われる字音であり，禅宗は自己の修養のためであったことから，社会全般に体系的に普及することはなかった．

（注1）　長江下流域は呉と呼ばれる地域であるが，「呉音」という名称はその字音の基盤となる地域を意識したものではない．当時，呉地方は中央からみれば田舎であり，田舎臭くて訛っている音という意味でこう呼ばれた．ちなみに，「呉音」は「対馬音」「和音」ともいう．
（注2）　792年に（および798年にも）漢音を使用せよという内容の詔勅が出され，793年には僧侶の得度の条件として漢音学習を求めた．しかし，806年には優秀な成績であれば，漢音に通じていなくてもよいというように条件を緩和し，呉音優勢の実態を追認せざるを得なかった．

1.2.4　字音体系の特徴

呉音と漢音では，その母胎となる中国語における音韻変化を反映して，両者の字音体系には，たとえば次のような対応関係がみられる.

◎子音に関して（呉音：漢音の順）

【ガ行：カ行】　［強］ゴウ（ガウ）：キョウ（キャウ）　　［極］ゴク：キョク

【ザ行：サ行】　［神］ジン：シン　　［成］ジョウ（ジャウ）：セイ

【ダ行：タ行】　［大］ダイ：タイ　　［重］ジュウ（ヂウ）：チョウ

【バ行：ハ行】　［平］ビョウ（ビャウ）：ヘイ　　［白］ビャク：ハク

【ナ行：ダ行】　［内］ナイ：ダイ　　［女］ニョ：ジョ（ヂョ）

【マ行：バ行】　［文］モン：ブン　　［物］モツ：ブツ

【ナ行：ザ行】　［人］ニン：ジン　　［然］ネン：ゼン

◎母音に関して（呉音：漢音の順）

【Ce：Ca】　［家］ケ：カ　　［化］ケ（クエ）：カ（クワ）

【Cen：Can】　［山］セン：サン　　［間］ケン：カン

【Con：Cen】　［建］コン：ケン　　［言］ゴン：ゲン

【Cai：Cei】　［西］サイ：セイ　　［体］タイ：テイ

【Ce：Cai】　［快］ケ（クェ）：カイ（クワイ）　　［解］ゲ：カイ

【Cyau：Cei】　［京］キョウ（キャウ）：ケイ　　［明］ミョウ（ミャウ）：メイ

【Cu：Co】　［図］ズ（ヅ）：ト　　［奴］ヌ：ド

【Co：Cyo】　［御］ゴ：ギョ　　［呂］ロ：リョ

【Cu：Cou】　［工］ク：コウ　　［奉］ブ：ホウ

【Con（m）：Cin（m）】　［今］コン：キン　　［音］オン（オム）：イン（イム）

【Ce：Ci】　［気］ケ：キ　　［衣］エ：イ

【Cyaku：Ceki】　［赤］シャク：セキ　　［役］ヤク：エキ

【Ciki：Cyoku】　［色］シキ：ショク　　［直］ジキ（ヂキ）：チョク

その音韻変化は唐音にも反映されており，おもに次のような特徴がある.

　　・入声韻尾 p，t，k の消失：　行脚（アンギャ）（キャク→ギャ）
　　・ŋ 韻尾の「ン」表記：　提灯（チョウ<u>チン</u>）　普請（フ<u>シン</u>）　鈴（<u>リン</u>）
　　・ア段音がオ段音になる：　暖簾（<u>ノ</u>レン）　蒲団（フ<u>トン</u>）
　　・イ段音がウ段音になる：　面子（メン<u>ツ</u>）　箪笥（タン<u>ス</u>）

これ以外に，日本に伝来した字音には「古音」がある.これは呉音の伝来以前，4世紀末から5世紀ごろを中心にして，朝鮮半島から伝来した字音である.「意」をオ，「止」をト，「乃」をノというように読む類である.これは遡ると，

中国の秦・漢の時代の漢字音に基づくものではないかといわれている．ただし，万葉仮名にのみみえる字音で，漢語に用いられて今に伝わるものはない．

1.2.5　漢語の字音

【呉音漢語と漢音漢語】

漢語が初めて導入された状況を考えると，もともと中国語として話されていたことばが断片的に，必要に応じて日本語に借用されたのであろう．その断片とは，和語では言い表せない事物や概念を言い表す語である．したがって，その字音は漠然と中国語から借用されたというのではなく，かならず語を通して日本語に用いられたものである．そして，その時期によって用いられる字音体系が異なっていたことから，日本に借用された時期がいつであるかによって，呉音によるか，漢音によるか，または唐音によるか，ほぼ決まってくる．もちろん，意味分野や借用の経路など考慮すべき点も少なくないが，全体の傾向としてそのようにいえよう．

前述のように，仏教は百済から6世紀以降に伝えられた．そのため，仏教系の漢語は基本的に呉音による（呉音漢語）．

　　功徳クドク（「功」漢音コウ）　　罪業ザイゴウ（「業」は漢音ギョウ）
　　地蔵ジゾウ（「地」は漢音チ）　　華厳経ケゴンキョウ（漢音カ，ゲン，ケイ）

律令関係の用語も7世紀以前に伝来した書物を通して多くは呉音による．

　　宮内省クナイショウ（漢音キュウ，ダイ，セイ）
　　正一位ショウイチイ（「正」は漢音セイ）

このほか，古くに定着した日常語にも呉音によるものが多い．

　　兄弟キョウダイ（漢音ケイテイ）　　文書モンジョ（漢音ブンショ）
　　人間ニンゲン（漢音ジンカン）　　正直ショウジキ（漢音セイチョク）

8世紀になると，律令の制度下で，高級官僚の育成機関として大学寮が設置され，文章生になり漢籍に通暁することが求められた．特に，9世紀に入ると唐風文化への高い関心から，四書五経や『史記』『漢書』をはじめ，『文選』『爾雅』などの漢籍の学習が奨励された．そのため，これらの学習に用いる漢音による漢語（漢音漢語）が次第に定着していった．

　　孝行コウコウ（呉音キャウギャウ）　　緑糸　　愁心　　帰雲　　至誠

　　千載一遇　　大器晩成　　傍若無人　　切磋琢磨

唐音による漢語（唐音漢語）は新たに借用された，特定の語彙に限られる．

　　行脚アンギャ　　看経カンキン　　湯婆タンポ　　胡乱ウロン

　　栗鼠リス　　緞子ドンス　　西瓜スイカ　　石灰シックイ（漆喰）

このように，漢語として借用された当初は，語全体を同じ字音体系で読むものであった．そのため，今日でも同じ漢字表記で漢音読みと呉音読みが両用されるもの（同形異音）もみえる[注3]．

　　陰陽：インヨウ／オンミョウ　　　大体：タイテイ／ダイタイ

　　精霊：セイレイ／ショウリョウ　　男女：ダンジョ／ナンニョ

　　強力：キョウリョク／ゴウリキ　　後生：コウセイ／ゴショウ

　　声明：セイメイ／ショウミョウ　　聖人：セイジン／ショウニン

「気色」のように，呉音「ケシキ」が〈外面的なようす〉の意として古くに定着し，後に〈人の気持ち〉の意として漢音「キショク」が用いられるようになると，近世以降〈自然のありさま〉の「ケシキ」には「景色」という違う表記が用いられるようになったものもある．なお，同じ漢字表記で音の違いによって意味が異なる場合については，5.3 節に譲ることにする．

【雑揉語】

呉音「ジネン」，漢音「シゼン」の「自然」を呉音と漢音を混淆させて，「シネン」や「ジゼン」と読むことは本来なかった．しかし，漢語が日本語に融け込み，外国語であるという意識が薄れていくなかで，日本漢字音における別の字音体系で読まれる場合も生じた．

　　同行：ドウギョウ→ドウコウ　　　「行」呉音ギョウから漢音コウへ

　　食堂：ジキドウ→ショクドウ　　　「食」呉音ジキから漢音ショクへ

　　玉音：ギョクイン→ギョクオン　　「音」漢音インから呉音オンへ

このように，一つの漢語の中で所用の字音が体系を異にするものを「雑揉語」と呼ぶことがある．これは代表的な字音に統合されるということによるが，相異なる字音体系が結果として混用された語が用いられるようになる背景にはさまざまな要因が考えられる．

（注3）　同一の漢字表記に読みが複数あるものに「作法（サクホウ／サホウ）」「悪心（アクシン／オシン）」などの「作」「悪」の例があるが，それは字音体系内に複数あるケースである．

　たとえば,「発」は呉音「ホツ」,漢音「ハツ」であるが,「発動」は古く〈病気になること〉の意で,「ホツドウ」と読まれていた.これに対して,〈活動を起こすこと〉の意で,漢籍由来の漢語として「ハツドウ」と読まれるようになり,『日葡辞書』以降次第に漢音読みが優勢になり,今日にいたる.「発熱」は,近世までほぼ「ホツネツ」であったのが,明治以降「ハツネツ」が用いられるようになる.「発言」は『日葡辞書』に「ハツゲン」がみえるが,近世では「ホツゴン」が優勢であり,明治以降に「ハツゲン」が再び用いられるようになった.他方,旅立つ意の「発足」は『日葡辞書』では「ホッソク」の見出しの後に「ハッソクという方がまさる」と注記されている.その「ハッソク」は『文明本節用集』にもみえ,中世末から近世初期に一時優勢であったが,一方の「ホッソク」はその後『武家義理物語』(1688年刊)や『書言字考節用集』,さらには幕末明治期には『和英語林集成(初版)』『言海』などにも引き継がれて,今日でも呉音読みが有力である.

　このように,複数の字音のうち一方が代表的であるとはいえ,熟語における字音の慣用もあって,一概に論ずることはできない.ただ,この「ハツ」について言えば,明治以降用いられるようになった「発見・発声・発想・発達・発展・発表・発明」などはいずれも漢音ハツによるものであり,それが造語成分としての字音であった.一字漢語でも「午前8時発」「ロンドン発ロイター通信」「銃声一発」などとハツが用いられるのもそれが代表的な音だからである.

　代表的な音が伝統的な字音構成を変えさせることは,字音を一つに統一して言語上の負担を軽減させようとする働きでもある.また,代表的な音が熟語を構成する際に軸字となって伝統的な字音のあり方を損なうようになった場合もある.漢語の字音を,別の字音体系のものに変える語は近世以降に次第に増加し,大正の末までにはほぼ完了したようである.とりわけ,「言語(ゴンゴ→ゲンゴ)」「男子(ナンシ→ダンシ)」のように呉音読みが漢音読みに変化することが明治前半ごろに多く,その逆に漢音から呉音へと変化する,「音信(インシン→オンシン)」のような例は少ない.

【一字漢語の字音】

　ここで,漢字一字の字音でそのまま自立的に現代日本語で用いられる語,すなわち一字漢語について少し触れておくことにする.詳しくは3.1節に譲るが,

日本語の語彙をより豊富にしている漢語のなかでも一字漢語はその基礎となる重要な造語成分である[注4].

　　　食「食の宝庫」ショク（漢）（呉ジキ）　　　熱「熱が出る」ネツ（呉）（漢ゼツ）

　名詞のほかにも，助数詞や，接頭語や接尾語のような結合成分にも用いられる．一字漢語には漢音によるもの，呉音によるものいずれも見られる．

　　（漢音）駅液回凶曲功才策式句職仁性席籍隊腸版版藩負服文兵役陸礼零

　　（呉音）絵王願客京経碁座字軸序陣象税像賊壇茶胴毒肉尿脳罰番譜幕膜脈訳

　　（漢呉同形）愛胃印円恩感句香詩質賞栓線鉄点徳比表票法本門用欄量例列湾

　両用されるものには「業（ギョウ／ゴウ）」「分（フン／ブン）」「歩（ホ／ブ）」などもある．概して呉音がやや多いようで，たとえば数詞の「一（イチ），二（ニ），六（ロク），七（シチ），八（ハチ），九（ク），百（ヒャク），万（マン）」は呉音によるものであり，「実に」「直に」のように呉音は漢語副詞としても用いられている[注5].

1.2.6　不規則な字音をもつ漢語

　漢字は，呉音・漢音（もしくは唐音）という字音体系に合致する音で読まれることが一般的であるが，なかには規則的でない読み方がなされるものもある．それらを分類して次に示す（語形の変化についての詳細は第2章を参照されたい）．

　　(1) 類推……禁漁キンリョウ（「漁」はギョ，「猟」リョウからの類推）
　　(2) 韻尾の開音節化……博士（ハカセ←ハクシ）　近衛（コノエ←コンエ）
　　(3) 連声……恩愛（オンナイ←オンアイ）　出来（シュッタイ←シュツライ）
　　(4) 連濁（有声音化）……シンダイ（身代）←シンタイ（進退）
　　(5) 清音化（無声音化）……霊験（レイケン←レイゲン（呉音・漢音（ゲン））
　　(6) 長音化……女房（ニョウボウ←ニョボウ）　贔屓（ヒイキ←ヒキ）
　　(7) 短音化（母音韻尾ウの脱落）……入内（ジュダイ←ジュウダイ［ジフダイ］）

(注4)　漢字は他の要素と結合して一語を構成することから，語の構造という観点から「造語成分」と呼ばれることがある．また，二字以上の漢語（もしくは混種語）を構成するところから，「字音語基」とも称される．いずれにしても，一字漢語が造語能力に優れている側面に注目した名称である．

(注5)　「直」は「じかに」「直（ジカ）談判」のように呉音「ジキ」が変化して「ジカ」という読みでも用いられる．他方，数詞「九」の「キュウ」は漢音．

  (8) 直音化……数珠（ズズ←ジュズ・ジュジュ）（「数」呉音シュ）

  (9) 促音化……立派リッパ←［リフハ］　早急サッキュウ←［サウキフ］

  (10) 撥音化……甲カン←［カフ］（カンは唐音とする説もある）

  (11) ウ音化……冊子（ソウシ←［サウシ］←サクシ）

  (12) 撥音の添加……厘（リン←リ）

  (13) 促音の添加……究竟（クッキョウ←クキョウ）

  (14) 韻尾の脱落……分限（ブゲン←ブンゲン）

このような語形の変化を経て広く慣用されるようになり，呉音・漢音および唐音の字音体系から逸脱した字音として意識されるようになったものを「慣用音」と呼ぶ．右の「立（リツ）」などのほか，次のようなものがある．

  截サイ（←セツ　截然サイゼン）　　　　緒チョ（←ショ　情緒ジョウチョ）

  憧ドウ（←ショウ　憧憬ドウケイ）　　　鋳チュウ（←シュ　鋳造チュウゾウ）

  紊ビン（←ブン　紊乱ビンラン）　　　　除ジ（←ジョ［ヂョ］　除目ジモク）

  形声符（諧声符）に影響されたり別の字と誤認されたりして生じたものである．なかには，その語形の変化に伴って漢字表記が変化したものもある．

    一生懸命（イッショウケンメイ）←一所懸命（イッショケンメイ）

    喧喧諤諤（ケンケンガクガク）←（ケンケンゴウゴウ（喧喧囂囂）・カンカンガ

     クガク（侃侃諤諤））［二語の混淆（コンタミネーション）による］

    独壇場ドクダンジョウ←独擅場ドクセンジョウ

1.3　湯桶読み・重箱読み

  漢字には音とともに訓がある．漢字表記されているなかには，一語が音だけによるものもあれば，訓だけのもの，そして音と訓とが交じっているものもある．前述したように，訓とはほぼ和語に相当する．漢字表記が音だけによる語は漢語であり，訓だけによる語は和語である．そして，音訓が交用されているものが「湯桶読み」「重箱読み」と呼ばれる混種語となる．

  一語が訓に続いて音がくる語が「湯桶読み」，音に続いて訓がくる語が「重箱読み」である．このような例はすでに『源氏物語』（11世紀初めごろ）にみえる（現代仮名遣いによって，音を片仮名，訓を平仮名で記す）．

  ○湯桶読み：いまヨウ（今様）　　かけバン（懸盤）　　くろボウ（黒方）　　こ
       モン（小紋）　　さるゴウ（猿楽）　　てホン（手本）　　ひとゾウ

（一族）

○重箱読み：エどころ（絵所）　　ガンぶみ（願文）　　キョウばこ（経箱）
　　　　　　ゴて（碁手）　　ジしき（地敷）　　ゾクひじり（俗聖）　　ビンぐ
　　　　　　き（鬢茎）

　その後も音訓を交用する語は増えてきている．次には 1994 年『現代雑誌 70
種の調査』の上位 5000 語のうちから，そのおもなものを示すことにする(注6)．

○湯桶読み：かなグ（金具）　　かぶシキ（株式）　　きジ（生地）　　てチョウ
　　　　　　（手帳）　　にモツ（荷物）　　ねダン（値段）　　ばショ（場所）ゆ
　　　　　　うショク（夕食）
　　　　　　［音が変化しているもの……よんヒャク（四百）　　きっプ（切符）］

○重箱読み：ゲンば（現場）　　ジもと（地元）　　センて（先手）　　ハンぱ（半
　　　　　　端）　　ハンとし（半年）　　ホンもの（本物）　　ヤクめ（役目）
　　　　　　リョウて（両手）

　また，「てかず」（手数）は「てスウ」とも，「マイつき」（毎月）は「マイゲツ」
とも読めるため省略したが，このような同表記であるものも少なくない．

屋外（オクガイ／やガイ）　　細字（サイジ／ほそジ）　　落書（ラクショ／ラ
クがき）　　金色（コンジキ／キンいろ）　　翌年（ヨクネン／ヨクとし）

　なかには「世論」のように「セロン」か「よロン」か揺れるものもあるが，
これは「輿論」の「輿」が当用漢字表に含まれなかったため，本来は漢音読み
セイロンである「世論」を「よろん」と読ませて代用したものである．当て字
によるものでは，「言い入れ」から転じた語形からの「結納（ゆいノウ）」，「越
度（呉音「オチド」）」からの「落度（おちド）」などがある．また，他の同音
語とまぎらわしい場合もあるなど，語義をよりわかりやすくするために訓に置
き換えた結果，湯桶読み・重箱読みとなった例もある．

声質（セイシツ／こえシツ）　　私立（シリツ／わたくしリツ）
大門（ダイモン／おおモン）　　元金（ガンキン／もとキン）
代替（ダイタイ／ダイがえ）　　現場（ゲンジョウ／ゲンば）

　ただし，「高台（コウダイ／たかダイ）」「名代（ミョウダイ／なダイ）」など
のように意味がもともと異なる場合もある．

（注6）　仮名書きを含むのが一般的なもの（「買い得」「気持ち」），助詞を含むもの（「彼女」），
　3 字以上の漢字表記（「胡麻油」），および動詞・副詞の類は省いた．

1.4 音　訳　語

　日本語における音訳語とは，外来語に対して，漢字の字音を用いてその発音に近い音で写した語をさす．原理的には万葉仮名や当て字と似ているが，字訓を用いているものは音訳と呼べず，字音のみを用いて訳しているものが音訳語と認められる．基本的には漢字のもつ意味（字義）とは無関係に音訳されるが，なかには字義においてもその外来語が指し示すものに近い漢字を用いているものがある．

　日本語における音訳語には，中国語の中にすでにある音訳語を取り入れた語と，日本人が音訳した語とがある．古くは梵語，すなわち古代のインド語を音訳した語があるが，それらの大半は中国で音訳されたものがそのまま日本語の語彙の中に取り入れられた語である．また，比較的新しいものとして西洋語に対する音訳語があるが，それらには中国由来の音訳表記と日本人による音訳表記とが混在している．（そのほか，アジア諸語，たとえば朝鮮語起源といわれる「味噌」「奈良」やアイヌ語の「猟虎」「膃肭臍」などの音訳語も若干存在するが，ここでは取りあげない．）

1.4.1　梵語音訳語

　梵語音訳語は，仏教の伝来とともに漢語に混ざって日本語の中に入ってきた．漢訳仏典の中の音訳語がそれである．例えば阿吽は梵語 a-hūm の音訳で，梵字の最初の音と最後の音の意であるが，阿は呼気，吽は吸気であるとともに，万物の始原と究極とを象徴している．現代日本語でも「阿吽の呼吸」（二人以上で作業をする場合の絶妙なタイミングの意）といった表現で用いられる．

　梵語音訳語は，インドの雅語であるサンスクリット語ではなく，俗語から音訳されたものも多いが，具体的な特定は困難であるので，以下には対応すると推定されるサンスクリット語の語形を中心にあげる．

【仏・菩薩などの名や呼び方】

釈迦牟尼：Śākya-muni の音訳．仏教の開祖，ゴータマ・シッダールタのこと．梵語 muni（牟尼）とは〔聖者・賢者〕の意で，彼が釈迦族の出身であったため

シャカムニと呼ばれた．略して「釈迦」ともいい，敬意を込めて「釈尊」ともいう．**仏陀**：Buddha の音訳．〔正しい悟りを得た者〕の意．仏．**菩薩**：菩提薩埵 bodhisattva の略．成仏前，すなわち修行中の人間である釈迦牟尼の姿を描いたもの．「菩提」は bodhi の音訳で，〔迷いや煩悩から離れた悟り〕，また〔悟りを開く〕の意．「薩埵」は sattva の音訳で，〔生命あるもの・衆生〕の意．**文殊**：文殊師利 Mañjuśrī の略．智慧をつかさどる菩薩である文殊菩薩のこと．**阿弥陀**：Amita の音訳で〔無量〕の意．「阿弥陀仏」・「阿弥陀如来」ともいう．西方浄土（極楽浄土）の仏の名．衆生を救済して極楽浄土へと誘う．

【日常語の一部や身近なものの名称になっているもの】

阿修羅：asura の音訳．インド神話の悪神の名で，戦闘を好む．略して「修羅」ともいう．**達磨**：dharma の音訳．〔規範・真理・法則〕などの意．「法」と漢訳される．また，中国の禅宗の始祖，達磨大師（円覚大師）のこと．**卒都婆（卒塔婆）**：stūpa の音訳．釈迦の遺骨を納めた墓の塔のこと．略して「塔婆」「塔」ともいう．**檀那（旦那）**：dāna の音訳．〔施しを与えること〕の意．また，「檀那波底」dāna-pati の略で，〔施主〕〔檀家〕の意にもなる．pati は〔主・長〕の意．**曼珠沙華**：mañjūṣaka の音訳．天上に咲くという大きな赤い（一説に白い）花．これを見るものはおのずから悪業を離れるという．**娑婆**：sahā に相当する音訳．さまざまな煩悩から脱することのできない衆生が，苦しみに堪えて生きるこの世界，すなわち釈迦如来が衆生を救い教化する世界のこと．**刹那**：kṣaṇa の音訳．〔極めて短い時間〕の意．一回指を弾く間に 60 または 65 の刹那があるとされる．**般若**：prajñā の音訳．「智慧」と漢訳される．最高の真理を認識する智恵のこと．

【特定の表現の一部として現代の日本語の中でも使われるもの】

奈落：naraka の音訳．〔地獄〕の意．**阿鼻**：阿鼻旨 avīci の略．八大地獄の第八．地下の最深部にある最悪の地獄．**荼毘**：jhāpeti の音訳．火葬のこと．**三昧**：samādhi の音訳．雑念を離れて心を一つの対象に集中し，散乱しない状態をいう．**南無**：namas に相当する音訳．〔帰依すること〕の意で，多く仏・菩薩や経文の名の上に付けて呼ぶ．**摩訶**：mahā の音訳．〔大きい，偉大な〕の意．その他，弥勒・毘沙門・夜叉・羅刹・阿羅漢・沙門・波羅蜜（波羅蜜多）・盂蘭盆・涅槃・曼荼羅（曼陀羅）・禅（禅那）・閼伽・舎利・伽藍・阿僧祇・那由他なども梵語音訳語である．

1.4.2　西洋語音訳語

【ポルトガル語由来の外来語に対する音訳語】

　西洋語の音訳語は，室町時代末期から江戸時代初期に来日したスペインやポルトガルの宣教師たちによって伝えられた事物の外来語に対して生じたものが古い．そのようなキリシタン時代の外来語に対する音訳語は，多くの場合まず仮名表記で用例が出現し，それらが外来語としてある程度定着した後に音訳の漢字表記が出現するようになるという傾向がみられる．以下にその例をあげる．

　天主（てんしゅ）：ラテン語・ポルトガル語 Deus の音訳．中国の音訳を日本でも用いたもの．キリスト教における〔神〕の意．　耶蘇（やそ）：ラテン語・ポルトガル語 Jesus の音訳．中国の音訳を日本語でも用いた．イエス・キリスト，キリスト教，またその信者をさす．　伴天連（ばてれん）：〔神父〕の意のポルトガル語 padre の音訳．転じて〔キリスト教徒〕の意にも用いられた．　金平糖（金米糖）（こんぺいとう）：ポルトガル語 confeito の音訳．砂糖菓子の一種．　襦袢（じゅばん）：ポルトガル語 jubão・gibão の音訳．和服の下着．羅紗（らしゃ）：ポルトガル語 raxa の音訳．毛織物の一種．　如雨露（じょうろ）：ポルトガル語 jorro の音訳．植木等に水をかける道具．　歌留多（かるた）：ポルトガル語 carta の音訳．

　「天主」「伴天連」「…糖」「襦袢」「羅紗」(注7)「如雨露」などといった漢字表記を見てもわかるとおり，これらは義訳（字義を利用した翻訳）を伴った音訳であり，純粋な音訳というよりむしろ「当て字」の一環であったとみるべきものであろう．そのことは，「切支丹（きりしたん）（ポルトガル語 Christão に対する当て字）」「合羽（かっぱ）（ポルトガル語 capa に対する当て字）」のような訓読みの混在する当て字の存在からもうかがえる．

【オランダ語由来の外来語に対する音訳語】

　江戸時代には，蘭学における蘭書(注8)翻訳の場面で音訳が盛んに行われた．人名や地名などの固有名詞に対する音訳はもとより，一般名詞の外来語にいたるまで幅広く音訳が行われた．

　江戸における蘭学興隆の契機となった杉田玄白訳『解体新書』（1774 刊）の

(注7)　「襦袢」の「襦」も「袢」も〔肌着〕の意．また，「羅紗」の「羅」も「紗」も織物の名．

(注8)　オランダで出版された，あるいはオランダ語で書かれた洋書のこと．江戸時代にはオランダで出版された本が長崎経由で輸入され，江戸時代中期以降には全国各地の諸藩や蘭学者たちが買い求めた．

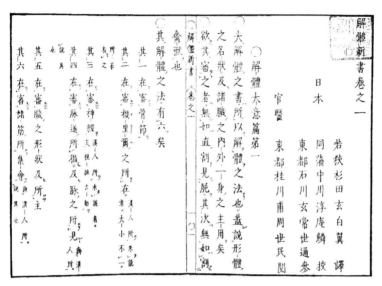

図 1.1 『解体新書』(早稲田大学図書館蔵)

凡例には，訳語を当てる際にとった三つの方法が示されている．すなわち，既存の語を当てる「翻訳」，意味を汲んで新たな造語を当てる「義訳」，漢字音を用いてそのまま当てる「直訳」である．このうちの「直訳」が今日でいう「音訳」にあたる．要するに，近似する意味の日本語がなく，適切な訳語を作り出すこともできない語に対して音訳したということである．現代であれば片仮名表記の外来語として取り入れるところであるが，漢文体で記されている『解体新書』においては，外来語も音訳して漢字表記する必要性があったものとみられる．

・『解体新書』の音訳語の例

奇縷（ゲール）…オランダ語 gijl の音訳．腸で食物が消化吸収されたために乳白色の乳汁状をなしているリンパ液のこと．機里爾（キリイル）…オランダ語 klier の音訳．物質を分泌する細胞組織のこと．蛮度（バンド）…オランダ語 band の音訳．骨と骨とを結び付けているひも状の結合組織のこと．

これらは後に，宇田川玄真（げんしん）『医範提綱』（1805 刊）においてそれぞれ「乳糜（にゅうび）」「腺（せん）」「靭帯（じんたい）」と訳され，現代の日本の医学でもそれらの名称が使われている．

蘭学における音訳語では，義訳を伴わない純粋な音訳が多く，それゆえ音訳

では指し示すものが理解しにくかったものとみられる.

・宇田川榕菴による音訳語の例

　玄真の養子・宇田川榕菴は化学関係の翻訳語を多く残した人物として有名で<ruby>よう<rt>あん</rt></ruby>あるが,『遠西医方名物考』(1822序刊) や『遠西医方名物考補遺』(1834頃刊),『植学啓原』(1833序刊),『舎密開宗』(1837刊) には,翻訳語とともに,榕菴による音訳語も多く含まれている.

<ruby>舎密<rt>セイミ</rt></ruby>　　<ruby>瓦斯<rt>ガス</rt></ruby>　　<ruby>護謨<rt>ゴム</rt></ruby>　　<ruby>加里<rt>カリ</rt></ruby>　　<ruby>曹達<rt>ソーダ</rt></ruby>　　<ruby>亜爾加里<rt>アルカリ</rt></ruby>　　<ruby>亜爾箇児<rt>アルコール</rt></ruby>
<ruby>諳模尼亜<rt>アンモニア</rt></ruby>　　<ruby>越幾斯<rt>エキス</rt></ruby>

　このうち,「舎密」(オランダ語 chemie の音訳) は,のちに中国後期洋学書の訳語である「化学」が用いられるようになったが,「瓦斯・護謨・加里・曹達」などは明治時代以降も一般的に用いられる音訳表記となった.これらはすべてオランダ語から取り入れられた外来語であり,宇田川榕菴によって当てられた音訳語とみられる.

・幕末明治期以降の音訳語の例

<ruby>窒扶斯<rt>チフス</rt></ruby>　　<ruby>淋巴<rt>リンパ</rt></ruby>　　<ruby>加答児<rt>カタル</rt></ruby>　　<ruby>三鞭酒<rt>シャンパン</rt></ruby>　　<ruby>倶楽部<rt>クラブ</rt></ruby>　　<ruby>浪漫<rt>ロマン</rt></ruby>　　<ruby>珈琲<rt>コーヒー</rt></ruby>

　これらはいずれも明治時代以降の日本で一般的によく用いられた音訳表記である.このうち,「窒扶斯」「淋巴」は幕末の翻訳医学書にみえ,蘭学の音訳とみることもできるが,このような音訳表記での用例は比較的新しい.一方,「加答児」は明治時代以降の出現とみられる.このように,医学関係の語の音訳はやはり義訳を含まない音訳が多い.「三鞭酒」は W. Lobscheid『英華字典』Part I (1866刊) にみえ,中国の音訳表記が日本でも用いられるようになったものとみられる.「倶楽部」や「浪漫」は義訳を伴った表記であり,「<ruby>型録<rt>カタログ</rt></ruby>」「<ruby>背広<rt>せびろ</rt></ruby>」などとともに訓も含めた当て字の一環として行われたものとみられる.(原語はそれぞれ catalogue, civil clothes.)

演　習 ─────────────────────────────────

　課題 1.1　以下の言葉の語源を考えてみよう.
　　おしゃかにする (なる)　　あみだくじ　　修羅場　　雪だるま　　旦那様
　　利那主義　　趣味三昧　　摩訶不思議　　肌襦袢　　かるた取り　　浪漫主義

課題 1.2　以下の言葉を使った日本語のことわざや慣用表現をあげ，その由来と意味を考えてみよう．

文殊　　阿弥陀　　奈落　　阿鼻　　荼毘

1.5　唐　話　語　彙

1.5.1　白話と唐話

「白話_{はくわ}」と「唐話_{とうわ}」は近似する用語であり，文脈によってはどちらを用いても構わない場合があるが，概念上は区別されなければならない．

【白話とは】

「白話」は中国語における口語（話し言葉）の意であり，文語（書き言葉）の「文言_{ぶんげん}」に対する概念である．白話の「白」は，「説白」（芝居のせりふ），「清白」（はっきりしている），「明白」（よくわかる）などの「白」の意であり，「話」は「語」（ことば）の意である．「白話文」「白話小説」「白話語彙」のような熟語的表現としても用いられる．

【唐話とは】

「白話」がもともと中国の用語・概念であるのに対し，「唐話」は江戸時代以降の日本において話し言葉の中国語に対して用いられた呼称であり，日本の用語・概念である．漢字音としての「唐音」がそうであるように，王朝名としての「唐」とは無関係で，漠然と中国を表わす意味での「唐」である．江戸時代の長崎で中国語の通訳を「唐通事」と呼んだり，中国人を「唐人」，中国船を「唐船」と呼んだことに関連して生じた呼称とみられる．

　江戸時代の日本では，唐通事のみならず，学者や文人らによっても唐話の学習や研究が行われた．輸入された明清の白話小説は唐話の学習参考書としても用いられ，さらには知識人たちの間で文学作品として愛読されるようになった．白話小説はやがて「読本_{よみほん}」と呼ばれる日本近世文学のジャンルを生みだし，その読本には白話語彙が豊富に盛り込まれていたため，読本の読者の間にも白話語彙が浸透していったものとみられる．

1.5.2　唐話語の抽出と認定

「唐話」や「白話」の特徴は，文章であればいくつかの特徴を容易にあげることができる．たとえば「那」〔あの〕「這」〔この〕「他」〔かれ〕「你們」〔なんじら〕「道」〔言う〕「東西」〔もの〕「甚麼（什麼）」〔いかに〕など，古典漢文に見出せないような新しい表現があれば，白話文とみてよい．

　しかし，個々の語が唐話語彙や白話語彙に属するのか否かを判断しようとすると，その認定には困難を伴う．上記のような判断はできないので，当該の語が出現する資料と年代によって判断しなければならないのであるが，中国語の「白話」にはかなりの幅があり，「唐話」についても，その「白話」のうちから何をもって「唐話」と判断するのかというところに難しさがある．唐話語彙が含まれるとされる唐話資料や翻訳白話小説，読本等には，当然，在来の古い漢語も含まれているので，それらに含まれる語のすべてを「唐話語」[注9]とすることはできない．一方，明清代の刑法典である『明律』や『清律』は白話小説でもなく，唐話学の学習のなかで参照された文献でもないので，通常「唐話資料」には含まれないが，近世中国語[注10]と呼ぶべき比較的新しい漢語が含まれているため，そういったものから抜き出された語の一部も「唐話」とされることが多い．それならば，中国の洋学書にみられるような新しい漢語までも「唐話」に含まれるのかといえば，そのような見方は必ずしも一般的でない．しかし，中国洋学書の中にも「唐話語」と呼べるような語が含まれている．このように考えていくと，「唐話語彙」の指し示す範囲を明確に規定することは困難であり，統一の見解はまだ定まっていないというのが現状である．

　しかし，上記のような困難さはあるものの，「唐話」という概念が江戸時代以降のものであり，「唐話語彙」を，江戸時代中期に成立した唐話学やそれに

（注9）　「唐話語」という呼称は必ずしも一般的でないが，唐話語彙を形成する個々の語について「唐話語彙」，すなわち「唐話の語の集合」という意味の語で呼ぶのは適切でないので，このように呼ぶことにする．ここでいう「唐話語」とは「唐話語彙に含まれる個々の語」のことである．また，たとえば「「你們」は唐話である」のように，個別の語についても「唐話」という用語で呼ばれる場合もあるが，現代日本語の語感において「…話」という語で個別の語と捉えるのは困難であるという側面ももつ．また，荒尾（1982）には「唐語」という呼び方も示されているが，現在はその呼称もあまり使われない．

（注10）　香坂順一（1971）は中国語の歴史を6つの時代区分で示しており，そのうち宋から元明清時代を「近世中国語」，阿片戦争から五四時代を「近代中国語」としている（p.30）.

図 1.2 箕作麟祥

関連する文献から取り入れられた白話語彙と考えるなら，その考えに基づいて
いくつかの手続きを行うことにより，ある程度の「唐話語」の認定が可能とな
る．

　荒尾禎秀（1982）・藁科勝之（1997）などを参考にすると，現状では以下の
ような条件をもって唐話語の認定を行うのが一般的ということになろう．

1. 中国において，唐代以前には用例がみられず，宋代以降になって用例が
   出現した漢語であること．

2. 日本において，室町時代以前には用例がみられず，江戸時代以降，特に
   岡島冠山が唐話を広めた 18 世紀以降に用例がみられるようになった漢
   語であること．

3. 唐話辞書等の唐話学習書に見られる漢語，あるいは唐話学を通じて日本
   にもたらされたとみられる白話小説やその翻訳・翻案等にみられる語で
   あること．

　1〜3 の条件を満たせば，ほぼ「唐話語彙」の語と呼んで差し支えないであ
ろう．ただし，1 と 2 の条件を満たしながら 3 の条件を満たしていないもの，
すなわち，必ずしも唐話学や白話文学を通じて流入したとはいえなくとも「唐
話語彙」に含まれる語もある．藁科（1997）が示すように，明治時代初期に
箕作麟祥（蘭学者・箕作省吾の実子，箕作阮甫の孫）が法律用語の翻訳語と
して取り入れた，『明律』や『清律』などにみられる白話語彙がそれに該当する．
厳密にいえば唐話学を通じて日本にもたらされたとはいえないかもしれない
が，麟祥はフランスの法律書を日本語に翻訳する過程において，白話文学にも

精通していたとみられる漢学者らの協力を得ており，明治時代初期に取り入れられたこの種の白話語彙も近世唐話学と同一の流れのなかにあるものと捉えられるので，それらも唐話語彙と呼ばれることが多い．これに対し，明治時代後期以降に日本にもたらされて広まったとみられる「麻雀」や「烏龍茶」のような語は，江戸時代の唐話学の流れとはまったく別の流入経路を経ているものとみられるので，唐話語と呼ぶのにふさわしくない．

なお，小田切文洋（2012）では，1 や 2 の条件に当てはまらない語，すなわち唐代以前や室町時代以前の用例がみられる語でも唐話に含めている場合がある．唐代以前や室町時代以前に当該語形の用例がみられても，その用法が文言での用法とは異なり，白話的な用法であるものは「唐話」と認めているのであるが，これは，唐話語であるか否かの判断において，当該語形の初出に重点を置くか，あるいは意味・用法や流入経路の方に重点を置くかという立場の相違とみることができる．このあたりも，「唐話」に対する認識が一定でない要因の一つであろう．

1.5.3 江戸時代の唐話語彙

唐話語彙は基本的に，唐話学を通じて日本語に入ってきた白話語彙であるから，もともとは中国語であり，唐話学習書に見られる中国語をすべて唐話語彙とみることもできる．しかし，唐話語彙を日本語の語彙体系の一部として捉えることを重視するならば，唐話学習書にみられるとしても他の文学作品等にまったくみられないような語についてまで，一様に唐話語と見なすことには問題がある．したがって通常は，唐話学習書以外の日本の著作にもみられる語に限って唐話語と呼ぶべきであろう．以下，唐話学習書以外の著作にみられる唐話語をあげる（ルビや送り仮名を除いた漢字部分が唐話語である）．

・中国白話小説の翻訳の例

　「老実」「狠僕」「媽児」「爹媽」「生意」「行戸」「夥計」「間漢」「街上」「小官人」（『売油郎独占花魁』，『通俗古今奇観』1814 刊所収，荒尾（1987）より）

・読本の例

　「歇息給へ」「絮煩」（上田秋成『雨月物語』1776 刊，鈴木丹士郎（1987）より），「分説」「討債」「你們」（山東京伝『忠臣水滸伝』1799-1801 刊，荒尾（1982）よ

り),「夥計」「通家」(曲亭馬琴『椿説弓張月』1807-11 刊,鈴木 (1987) より),
「休書」「沙量」「沙飲」「小可」「甚麼なる」「猛可」(曲亭馬琴『南総里見八犬伝』
1814-42 刊,鈴木 (1987) より)

　また,読本だけではなく,洋学資料にも唐話語と見なしてよい語がみられる.
これは,洋学資料の訳語の中にも唐話語が入り込んでいることを意味する.

・洋学資料の例

　　「莌氏」「泥水匠」「剖厥氏」「卜者」「鑷工」「縫人」(宇田川玄随『西洋医言』1792 成,
　　杉本つとむ (1978) より),「後昆」「阿嫺児」「管 家」「潮落」「瞬 息」「差午」(村
　　上英俊『三語便覧』1854 序刊,杉本 (1985) より)

　上にあげた例は,いずれも日本語の中に定着しなかったとみられる唐話語で
あり,大半の唐話語は同様の運命をたどった.しかし,なかには現代日本語の
中に残っている唐話語も存在する.

・現代に残った唐話語の例

　(小田切 (2012) より)

　　「体面」(西田維則訳『通俗赤縄奇縁』1761 刊,『俗語解』にみられる),「故意ニ」
　　(都賀庭鐘訳『通俗医王耆婆伝』1763 刊,『忠義水滸伝解』にみられる),「焦躁
　　して」(伊丹椿園『女水滸伝』1783 刊,『忠義水滸伝解』にみられる),「到底」(山
　　東京伝『忠臣水滸伝』1799-1801 刊,『俗語解』にみられる),「閑話休題」(曲
　　亭馬琴訳『新編水滸画伝』1805-07 刊,白話小説の慣用表現),「調停」(片山敬
　　斎『物草太郎』1808 刊,『南山俗語考』にみられる)

　(荒尾 (1982) より)

　　「准備」「悽 惨」(山東京伝『忠臣水滸伝』1799-1801 刊,『唐話纂要』にみら
　　れる),「様式」(『日本風俗備考』1833 以降成,『唐話纂要』にみられる)

1.5.4　明治時代の唐話語彙

　白話小説の流入によって読本の中に取り入れられた唐話語彙は,明治時代中
期まで一定の勢力を保っていた.たとえば,明治時代初期の欧文翻訳書の一部
には唐話語が多く含まれている.

　木村秀次 (2013) は,中村正直訳『西国立志編』(1871 (明治 4) 年刊) に
みられる近世中国語について,原典の"*Self-Help*"と照合して原語(英語)
が確定できる 50 語に絞って分析している.そのうちの半数以上の語について

はロプシャイト（W. Lobscheid）『英華字典』（1866-69刊）にみられるが，その一方で，残りの一部の語，たとえば「演戯」「戯台」「議単」「些微」「搶劫」「湊成」「耽延」「胆敢」「牌票」「白喫」などについては，正直が白話小説を読むことにより身につけた白話語彙が『西国立志編』のなかに現れているものとみられる（小田切（2003）にも同様の指摘がある）．

　松井利彦（1984）は，箕作麟祥がフランス刑法を翻訳する際に，辻士革や市川清流といった漢学者の協力を得ていたことを指摘し，藁科（1997・2000）はその際に『学語編』『雑字類編』『明律国字解』などの唐話資料が用いられていたことが判明したと述べる．藁科は，『仏蘭西法律書　刑法』（初訳，1870（明治3）年刊）に以下のような唐話による訳語がみられ，さらには明治13年の旧刑法に取り入れられて現在に至っていると述べている．

　　「**姦夫**」「**姦婦**」「**兇行**」「**収受**」「**登記**」「**誘拐**」（藁科（2000）より）

　こういった唐話語彙は，明治時代中期頃まで一定の勢力を保っていた．小田切（2004）は，幸田露伴（1867-1947）の論文「一国の首都」（1899（明治32）年）に見られる白話語彙として以下のようなものを挙げている．

　　「破落戸
（ごろつき）
」「家道」「巴鼻」「霎時
（しょうじ）
」「乾浄」「強人」「熱鬧」「嫖客
（ひょうかく）
」

　しかし，明治時代中期を過ぎるとこれらの唐話語彙の勢力は急速に衰える．その原因の一つには，原文で白話小説が読まれることが少なくなっていったことが考えられる．しかしそのこと以上に，多くの唐話語においてその漢字表記から受ける印象が日本語としては特異であり，一般民衆には受け入れがたかったという要因が大きかったものとみられる．

　その一方で，一部の唐話語彙は現在も日本語の中に残存している．さきにみた「体面」「故意」「焦燥」「到底」「調停」「准備（準備）」「悽惨（凄惨）」等がそれに相当するが，そのように今日まで生き残った語は，表記からある程度意味が取りやすい語であるか，あるいは特定の分野で専門用語として使われたものが日常語としても用いられるようになった語であることが多い．

演　習

課題1.3　以下の語の中から唐話語を指摘しよう．

体面保持　故意落球　焦燥感　離婚調停　入学準備　生活様式
登記費用　誘拐殺人

課題 1.4 江戸時代の読本を読んで，その中から唐話語と思われる語を抜き出してみよう．

1.6 翻 訳 語

翻訳語（あるいは訳語）は，外国の事物や概念を表わす外国語について，そのまま外来語として取り入れるのではなく，その原語の意味に近似した漢語や和語を当てて用いる語をさす．多くの場合，漢語（字音語）の形で行われたが，なかには raccoon に対する「あらいぐま」や tomato に対する「あかなす」のように，和語の翻訳語もいくらか存在する．また，新しく作られた語だけではなく，既存の語を当てて用いたものも含めて翻訳語と呼ぶのが普通である．

江戸時代から明治時代にかけて多くの翻訳語が考え出されたが，その原因は，西洋語をはじめとする諸外国語が，当時の日本人にとって現在ほど馴染みのある存在ではなかったためと考えられる．民衆レベルで西洋の事物や概念を広めるためには，現代以上に和語や漢語に置き換えた言葉を用いる必要性があったのであろう．

【翻訳語の分類】

日本語における翻訳語の分類方法はさまざまあるが，ここでは，A. 既存の語を用いた翻訳語，B. 中国洋学書の訳語を取り入れた翻訳語，C. 日本で新しく作り出した翻訳語，の三つに分類する．このうち C についてはそのほとんどが「和製漢語」であるので，1.7 節で扱う．

1.6.1 既存の語を用いた翻訳語

既存の語を用いた翻訳語は，その語が翻訳語として用いられる前から日本でもよく使用されていた語（自由・観念など）と，それ以前にはほとんど日本で使用されたことのない語（演繹・命題など）に分けられる．

【在来の日本語を用いた翻訳語】

外国語に対して当てた日本語の意味がほとんど同じである場合，たとえば

fish を「魚」と訳したり mountain を「山」と訳すような場合において，通常，「魚」や「山」を翻訳語とは呼ばない．翻訳語と呼ばれるのは，それまでの日本に存在しなかった事物に対して当てられたものか，外国語と日本語との間に何らかの相違があるものに対して当てられた語である．たとえば以下の語は，中国古典にみられ，西洋語が日本に入ってくる以前から日本語の中でも使われていた漢語であるが，明治時代以降は翻訳語としての意味で多く使われるようになった語である．

> **文学**（『論語』），**革命・文明**（『易経』），**倫理**（『礼記』），**自然**（『淮南子』），**思想**（『蜀志』），**自由・発明**（『後漢書』），**発見・生産**（『史記』），**芸術・経済・物理**（『晉書』），**文化・気象**（『隨書』），**観念**（もと仏教語，西 周 が『生性発蘊』でideaの訳語に当てた），**宗教**（仏教語）

例えば「自由」は，もともと〔思うまま，わがまま放題〕の意で，マイナス評価で使われることの多い語であった．

> ・長門本『平家物語』（13世紀前半成）一「自由に任せて延暦寺の額を興福寺の上に打せぬるこそ安からね」
> ・井原西鶴『好色盛衰記』（1688刊）五・二「女郎のよはき所を見付，自由成事をいひか ゝ りぬ」
> ・福沢諭吉『西洋事情』初編（1866刊）一・政治「本文，自主，任意，自由の字は我侭放蕩にて国法をも恐れずとの義に非らず．総て其国に居り人と交て気兼ね遠慮なく自力丈け存分のことをなすべしとの趣意なり．英語に之を「フリードム」又は「リベルチ」と云ふ．未だ的当の訳字あらず．」

【中国古典漢語を復活させて用いた翻訳語】

それに対し以下の語は，それまでの日本ではほとんど使用されていなかった中国の古典漢語を当てたとみられる語である．それぞれ意味の近い古典漢語を選んで当てているので，外来語や音訳漢語に比べれば理解しやすかったものと思われるが，一般には馴染みのなかった語なので，民衆の受け取り方としては新しく作られた翻訳語と何ら変わるところがなかったものと見られる．

> **社会**（青地林宗『輿地誌略』1826成，『宋史』），**共和**（箕作省吾『坤輿図識』1845刊，『史記』），**演繹**（西周『百学連環』1870-71頃成，朱熹『中庸章句』序），**命題**（西周『百学連環』1870-71頃成，『朱子語類』），**先天・後天**（西周『致知啓蒙』1874刊，『易経』），**主義**（久米邦武『米欧回覧実記』1878刊，『史記』），**具体**（井上哲次郎『哲学字彙』1881刊「Concrete」，『孟子』）

1.6.2　中国洋学書の訳語を取り入れて用いた翻訳語

一方，中国で与えられた訳語をそのまま日本語に取り入れた翻訳語も存在する．

江戸時代の蘭学者や幕末の洋学者たちは，常に中国の洋学書を参照しながら洋書を読み解いていた．というのも，中国でも明清時代に洋学が行われており，漢文で書かれた洋学書が日本にも伝わってきていたからである．17 世紀にイタリア人を中心とするカトリック系宣教師らが中国で漢訳洋学書を著し，19 世紀にも英米のプロテスタント系宣教師らが多くの漢訳洋学書を著述・出版したので，日本の洋学者たちもそれらを参照しつつ洋書を翻訳する姿勢を常にもっていた．それゆえ，日本の洋学資料にみられる翻訳語も，中国の洋学書の訳語と一致していることが多い．基本的に日本の蘭学者・洋学者たちは，中国の文献の中にふさわしい訳語があればそれを用い，見当たらない場合に独自の訳語を考え出して用いていた．

中国における洋学は，明末清初のカトリック系イエズス会宣教師の大陸進出期（17 世紀）と，清中後期のプロテスタント系宣教師の布教活動期（19 世紀）に二分される．佐藤亨（1983）はそれぞれの時期に著された洋学書を「中国初期洋学書」と「中国後期洋学書」とに呼び分けた（p. 13）．以下，その両者に分けて，日本語の中に定着した中国洋学書由来の翻訳語をみていく．

【中国初期洋学書の訳語を取り入れた翻訳語】

中国初期洋学書から日本語の中に取り入れられたとみられる翻訳語は，天文学・地理学・数学・幾何学等，自然科学の用語が多い．ただし，漢文から直接入ってきているので，必ずしも西洋語とセットで取り入れたとは限らない．

> 天球・地球・金星・地平線・子午線・地中海・紅海・大西洋（利瑪竇〔マテオ・リッチ Matteo Ricci〕『坤輿万国全図』1602 刊），熱帯・寒帯（利瑪竇『乾坤体義』1605 頃刊），幾何・平面・直線・直角・鋭角・鈍角・垂線・曲線・平行線・対角線・三角形・比例・比率・半径・平方・立方 (体)（利瑪竇口訳，徐光啓筆受『幾何原本』1607 序刊），製法・体質・物体・容積・螺旋・水力（熊三抜〔ウルシス S. Ursis〕撰説，徐光啓筆記，李之藻訂正『泰西水法』1612 序刊），重心・斜面・経度（熊三抜口授，周子愚・卓爾康筆記『表度説』1614 序刊），病院・温帯・海峡・氷山・暗礁・喜望峰・工作（艾儒略〔アレニ G. Aleni〕『職方外紀』1623 序刊），数学・望遠鏡・機器・流体・滑車（鄧玉函〔テレンツ J. Terrenz〕口授，

王徴訳絵『遠西奇器図説録最』1628序刊），**紅毛・試金石**（方以智『物理小識』
1664序刊）

【中国後期洋学書の訳語を取り入れた翻訳語】

中国後期洋学書から日本語の中に取り入れられたとみられる翻訳語には，以
下のようなものがある．これらの語も，幕末維新期の日本の洋学者たちが，中
国洋学書を参照していたことにより使われ始めた．また，多くの著作が和刻本
として日本国内でも出版されたので，日本でも広く読まれたものとみられる．

電気（瑪高温〔マクゴワン D. J. MacGowan〕『博物通書』1851刊），**貿易風**（慕
維廉〔ミュアヘッド W. Muirhead〕『地理全志』1853-54刊），**銀行**（『遐邇貫珍』
1854年第11号，ただし「銀職人の集まっている町」や「銀職人の職業」の意
では宋代の『景定建康志』から用例がみられる），**化学**（偉烈亜力〔ワイリー
A. Wylie〕「六合叢談小引」『六合叢談』1巻1号，1857年），**野蛮**（「重学浅説
総論」『六合叢談』2巻1号，1858年），**代数・指数・未知数**（偉烈亜力口訳，
李善蘭筆受『代数学』1859刊），**微分・積分・函数・双曲線・抛物線**（偉烈亜
力口訳，李善蘭筆述『代微積拾級』1859刊），**星団・星雲**（偉烈亜力口訳，李
善蘭刪述『談天』1859刊），**権利・民主・遺産・財源・司法**（丁韙良〔マーテ
ィン W. A. P. Martin〕訳『万国公法』1864刊，ただし「権利」は『史記』に，「民
主」は『書経』に，「遺産」は『後漢書』に，「司法」は『隋書』にみられる），
電報（ロブシャイト『英華字典』Part Ⅱ 1867刊「Electro-telegraph」），**電池・
電極・電力**（丁韙良『格物入門』1868刊）

演　習

課題1.5　以下の語について，中国初期洋学書からみられる語と中国後期洋学書か
らみられる語とに分けてみよう．

幾何　　代数　　直線　　抛物線　　地球　　星団　　数学　　化学　　機器
電気　　水力　　電力

課題1.6　以下の語について，江戸時代以前と明治時代以降とで意味や使われ方に
どのような違いがあるのか，調べてみよう．

文学　　革命　　自然　　生産　　芸術　　経済　　気象　　観念　　物理

1.7 和 製 漢 語

　日本語における「漢語」は，「和語」や「外来語」に対する概念で，本来はその語の出自をさす「語種」の呼称の一つであるが，一般的には音読みする漢字表記語を広くさすので，必ずしも中国語出自でない語まで含まれることになってしまう．よって，出自を問わず音読みされる漢字表記語を「字音語」と呼んで区別することがある．

　「字音語」には，中国語から借用して用いているものと，日本人が独自に作り出したものとがあるが，後者は特に「和製漢語」と呼ばれる．ただし，両者は区別することが容易でない場合も多い．そのため，以前は和製漢語とされていた語が，その後の研究の進展により中国語起源の漢語であると修正された例も少なくない（病院・化学など）．

　しかし，語によっては，日中の文献によって初出年代を詳細に比較しなくとも，和製漢語であることが推定できる場合もある．その典型は，①語源が明確にわかることにより中国語起源とは考えにくいもの（大根・遊女など），②造語した本人が造語したことを文献に明記しているもの（神経・元素など），③指し示しているものが中国起源とは考えにくいもの（柔道・野球など），④語構成から中国語起源とは考えにくいもの（楽勝・酒造など），⑤国字すなわち日本製の漢字を含んでいることにより中国語起源とは考えにくいもの（膵臓・涙腺など），といった類型があげられる．以下，代表的な和製漢語の例をみていく．

1.7.1　和語が音読みされてできたと考えられる和製漢語

　和製漢語のうち比較的成立年代の古いものは，和語を漢字表記した後に，それを音読みすることが定着してできた語であることが多い．以下にその例をあげる（山田孝雄（1940）第八章による）．

　　をこ→尾籠→ビロウ　　火の事→**火事**→クワジ　　かへりごと→**返事**→ヘンジ
　　はらをたつ→**立腹**→リップク　　おまへ→**御前**→ゴゼン　　おほね→**大根**→ダイコン　　ではる→**出張**→シユツチヤウ　　心の外→**心外**→シングワイ　　心

　　　をくばる→**心配**→シンパイ　　　あそびめ→**遊女**→イウヂヨ

　上記の大半の語は，平安時代から室町時代までに音読みされた用例がみられるので，比較的早い時期に成立した和製漢語といえる．このほか，田島優（1998）は，「めじるし」の漢字表記の一つである「目標」が音読みされて「モクヒョウ」という和製漢語となった例を示している．「目標」の漢字表記の出現するのが幕末，一般的に音読みされるようになったのが明治時代中期以降であるので，このパターンの和製漢語としては比較的新しい例である．

1.7.2　蘭学の翻訳語として作られた和製漢語

　江戸時代中期以降，蘭学の進展とともに多くの蘭書（おもに医学書や化学書などの自然科学書）が翻訳されるようになり，その際にさまざまな翻訳語が考え出された（1.6 節参照）．以下は蘭学の中で翻訳語として作られたとみられる和製漢語の例である．

・医学関係：　**十二指腸・盲腸**（杉田玄白『解体約図』1773 刊），**三半規管・鼓膜・粘膜・神経・軟骨**（杉田玄白訳『解体新書』1774 刊），**海綿・脈管・稀釈・坐薬**（宇田川玄随訳『内科撰要』1792 成, 1793-1810 刊），**網膜・静脈・口蓋・腔**（大槻玄沢『重訂解体新書』1798 成, 1826 刊），**腺・膵・靱帯・繊維・凝固・溶解・融解**（宇田川玄真『医範提綱』1805 刊），**涙腺・角膜**（杉田立卿訳『眼科新書』1815 刊）

・物理学・天文学関係：　**重力・速力・弾力**（志筑忠雄訳『求力法論』1784 成），**衛星・引力・動力・求心力・遠心力・重量・圧力・分子**（志筑忠雄訳『暦象新書』1798-1802 成）

・化学・生物学関係：　**花粉**（伊藤圭介『泰西本草名疏』1829 刊），**元素・結晶**（宇田川玄真訳述・宇田川榕菴校補『遠西医方名物考』1822 序刊），**水素・酸素・酸化・炭素・炭酸・塩酸・窒素・温度・球根・細胞・成分・澱粉・游離・濾過**（宇田川榕菴『植学啓原』1833 序刊），**塩素・模型・沈澱・溶液**（宇田川榕菴『舍密開宗』1837 刊）

・地理学関係：　**回帰線**（小林謙貞『二儀略説』17 世紀後成），**半島**（山村才助『訂正増訳釆覧異言』1802 成），**海流**（小関三英訳『新撰地誌』1836 成）

以下にその造語の実例をみていく．

【オランダ語を直訳した**翻訳語**】

以下は，複数の語基をもつオランダ語に対して，語基ごとに漢字を当てるこ

とによって作り出された翻訳語である.

- ・鼓膜…蘭語 trommel-vlies の直訳. 英語は tympanum または eardrum なので,
  英語から訳されたとは考えにくい.（『解体新書』二 17 オ）
- ・十二指腸…蘭語 twaalf-vingerigen-darm の直訳. twaalf が「12」, vingerigen
  が「指の」, darm が「腸」の意. 指を 12 本並べた幅と同じ長さなのでこの名
  がある. 英語は duodenum.（『解体新書』三 19 ウ）
- ・盲腸…蘭語 blinden-darm の直訳. 英語は appendix.（『解体新書』三 20 オ）
- ・元素…蘭語 grondstof に対する宇田川榕菴による訳語. grond が「元」（英語
  の ground, foundation）, stof が「素」（英語の stuff, material）の意. 英語の
  element や atom からは「元素」と訳し得ない.（『遠西医方名物考』一 11 オ）
- ・酸素…蘭語 zuurstof に対する宇田川榕菴の訳語. zuur は「酸」（英語の
  sour）. 英語の oxygen からは「酸素」と訳し得ない.（『遠西医方名物考補遺』
  七 21 オ）　※宇田川榕菴は, 他にも同様にして**水素**（waterstof）・**窒素**
  （stikstof）・**炭素**（koolstof）・**塩素**（zoutstof）・**炭酸**（koolzuur）・**塩酸**
  （zoutzuur）などの訳語を作り出した.
- ・半島…蘭語 half eiland の直訳. 英語の peninsula からは「半島」と訳し得ない.
  （『訂正増訳采覧異言』二 12 ウ）

【オランダ語を意訳した翻訳語】

　以下は, オランダ語を直訳するのではなく, 指し示すものの性質に対して適
切な熟語を考えて作り出された翻訳語である. なかには漢字を新たに作った語
もある.

- ・神経…蘭語 zenuw の意訳.『解体新書』で作られた和製漢語の一つ.（『解体
  新書』一 1 ウ「神経を審らかにするにあり〔漢人のいまだ説かざる所の者,
  視聴言動を主る〕.」, 同一 8 オ「世奴〔ここに神経と翻す〕. その色, 白くし
  て強く, その原, 脳と脊とより出づ.」(原漢文))
- ・軟骨…蘭語 kraakbeen の意訳. kraak（英語の crack）は「音を立てて砕ける」
  の意で,「軟らかい」という意味はない. been（英語の bone）は「骨」の意.
  （『解体新書』凡例 5 オ）
- ・静脈…蘭語 hol-ader の意訳. 中国語「動脈」に対してつけられた.『重訂解体
  新書』ではおおむね動脈を「動血脈」, 静脈を「静血脈」と呼んでいるが,「動
  脈」「血脈」と略しているところがあり, それが定着した. なお, これより前
  の『解体新書』では, 漢人が静脈に対して「青脈」という用語を用いている
  ことを紹介しつつ,「血脈」という訳語を用いている.（『解体新書』一 9 ウ

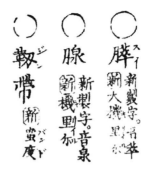

図 1.3　『医範提綱』題言七オ～ウより（櫻井豪人蔵本）
🈟は『解体新書』での訳語．

「私剌古亜題爾〔ここに動脈と翻す．漢人の説く所の動脈これなり〕．」，一9
ウ「何児亜題爾〔ここに血脈と翻す．漢人の説く所の青脈これなり〕．」，『重
訂解体新書』一13ウ「一を動血脈と曰ひ，一を静血脈と曰ふ．」，三7ウ「肺
管動脈及肺管静脈」．（原漢文））

・**口蓋**…蘭語 verhemelte の意訳で，大槻玄沢による訳語．（『重訂解体新書』名
　義解二7オ「口蓋〔新訳〕（中略）漢に正称無し．」（原漢文））
・**腟**…蘭語 vagina に対する大槻玄沢の訳語．玄沢は「月」と「室」によって「腟」
　を製字したと述べるが，「腟」の字はすでに『康熙字典』（1716刊）に見える．
　ただし，「腟」のもともとの意味は「肉ができる」で，女性の性器の意味はない．
　（『重訂解体新書』名義解四21ウ「腟〔製字〕（中略）今新に字を製して訳し
　て爾云ふ．」（原漢文））
・**膵**…「膵臓」をさす蘭語の alvleesch（または alvleeschklier，英語直訳は all
　flesh で「肉塊」の意）に対して，宇田川玄真が新たに「膵」という字を作っ
　て訳語として用いた．（「萃」は「集まる」の意．）（『医範提綱』題言7オ）
・**腺**…蘭語 klier を宇田川玄真が新たに「腺」という字を作って訳語とした．涙
　腺・汗腺等はみなこの新造字を利用した訳語（和製漢語）である．（『医範提綱』
　題言7ウ）
・**靱帯**…蘭語 band の意訳．「靱」は「柔らかくて強い」の意．『解体新書』の音
　訳語「蛮度」を宇田川玄真が改訳して定着した．（『医範提綱』題言7ウ）
・**弾力**…蘭語 veerkracht の意訳．志筑忠雄による訳語．（『暦象新書』中編凡例「引
　力，重力，求心力，遠心力，動力，速力等の名は義訳にいでたり．唯弾力の
　名は又論し易からんが為に設たり．原文にはヘールカラクトといへり．カラ
　クトは力なり．ヘールは鉄を鍛して延たるを巻たるをいへり．よく物を弾ず

るの力なるが故に，今は弾力と名けつ．」)

1.7.3 明治時代に翻訳語として作られた和製漢語

明治時代に作られた和製漢語とみられる翻訳語は，自然科学の分野よりも，哲学・法学など，人文社会科学の分野のものが多く生み出された．例えば以下のような翻訳語がある．

義務・民権（津田真道訳『泰西国法論』1868 刊），哲学（西周「復某氏書」1870 成），心理学（西周『百学連環』1870-71 頃成，ただし「心理」は『後漢書』にある），国際・動産・不動産（箕作麟祥訳『国際法』1873-75 刊），美術（西周「美妙学説」1872 以降成），概念（西周『致知啓蒙』1874 刊），論理学（西周『内地旅行』『明六雑誌』23 号，1874 刊），主観・客観・蓋然（西周訳『心理学』1875-76 刊），理想（西周訳『利学』1877 刊），抽象（西周訳『奚般氏著心理学』1878-79 刊），範疇・倫理学・唯物論（井上哲次郎『哲学字彙』1881 刊「Category・Ethics・Materialism」，ただし「倫理」は『礼記』にあり，「唯心論」は仏教語），美学（中江兆民訳『維氏美学』1883-84 刊），坐標（藤沢利喜太郎『数学ニ用ヰル辞ノ英和対訳字書』1889 刊「Co-ordinates」），坐標軸（藤沢利喜太郎『数学用語英和対訳字書』訂正増補第二版 1891 刊），野球（中馬庚「野球部史」『校友会雑誌』号外 1895 刊）

演 習

課題 1.7　以下の語について，和製漢語とそうでないものとに分けてみよう．

人参　　大根　　動脈　　静脈　　子午線　　回帰線　　金星　　衛星
海峡　　半島　　芸術　　美術

課題 1.8　以下の和製漢語について，なぜ和製漢語と考えられるのか，説明してみよう．

火事　　心外　　遊女　　盲腸　　元素　　神経　　軟骨　　涙腺　　膵臓
哲学　　柔道　　野球

音形・語形からみた漢語

2.1 連 音 変 化

漢字2字以上が結合して漢語を構成した場合，個々の字音から変化した形になる場合がある．「連濁」と「連声」と呼ばれる現象が，そのおもなものである．

2.1.1 連 濁

連濁とは，「折りたたみ傘」「やけ酒」「駆け込み寺」「世捨て人」などのように，単独だと清音（カサタハ行）で始まる語が，複合語を構成した際に濁音（ガザダバ行）で始まるようになる現象のことである．連濁の発生する条件や連濁が意味する事柄については，金田一（1976）や窪薗（1999）など，数多くの先行研究があるが，いまだに全貌は解明されていないのが実情である．

連濁とは和語に多く発生する現象であり，漢語の連濁は，「有限会社」「角砂糖」「洋服箪笥」「羽毛布団」など，皆無ではないもののそれほど多くないことが従来知られている．和語に比べると新来であり，日本語への定着度も低いこと，1字ごとの読み方が字音として定まっていることなどが，理由としてあげられると考えられる[注1]．

その一方で，「有限＋会社」のように境界をまたがない，漢語内部での連濁については，「東西」「南北」「中国」「問答」などと例が多い．しかも，「〜ウ」「〜

(注1) 漢語よりも新来である外来語では，さらに連濁は少なく，せいぜい「いろはがるた」「雨がっぱ」程度である．

ン」型の字の後で濁ることが多いという特徴がある.

「う・むの下濁る」とは，古くキリスト教宣教師ロドリゲス（1561-1634）などが記述している俚諺であり，その正体は鼻音要素に後続する際に連濁が起こりやすくなるところにある．実際，先ほど挙例した「南北」「問答」は撥音に後続しているほか，「東西」「中国」の「東」「中」も元来 ŋ 韻尾を有していたのであり，やはり「西」「国」は鼻音要素に後続している．奥村（1952）では「連濁は鼻音の後においてのみ起り得る」とまで言いきっている.

鼻音要素の直後に連濁が起こりやすいことについては，清濁の具体的な音価が古代語と現代語とで違っていたという早田（1977）の図式，すなわち，かつての「清音」とは，語中においては今日のような無声子音ではなく有声子音であり，一方の「濁音」とは有声子音に前鼻要素が付随するものであったという図式を持ち込むと，合理的に説明できる．この状況下では，「清音」の前に鼻音がくると，その鼻音性が後続する子音の「前鼻要素」となり，結果として「濁音」と認識されるにいたる．「問答」の連濁例は，以下のように説明することが可能になる[注2].

問		答		問答
mon	+	to:		
	語中だと	do:	→	mon^{n}do:
		「清音」		「濁音」と認識される

とはいえ，これは音声的な条件がそろえば自動的に発生する（はずの）現象であり，いわゆる連濁とは次元の異なる現象である．「いわゆる連濁」とは，読み書き／下書き，飲み食い／買い食いのように，意味構造に左右されるものである[注3]. そのため，漢語の連濁を論じるにあたっては，まずは鼻音が絡む連濁のことを，高山（1992）などのように「連声濁」などとして「連濁」とは区別するのが妥当である.

（注2）「答」は本来「タフ」であるが，話を単純にするために現代と同じ「トー」として図示する.

（注3）前部要素と後部要素との間に並列的な関係があれば連濁せず，一方で前部要素が後部要素を修飾・限定する関係であれば連濁が起こる傾向にある．窪薗（1999）など参照.

　そのうえで，中世の漢語の連濁に関する事柄として，次のようなことが従来知られてきた．まず，呉音語に比べると，漢音語では連濁しにくい．新来の漢音は，伝統的な日本語の音韻体系への融合度が低かったからという説明が可能である．さらに，カンドウ（勘当）／カントウ（関東），カンジャ（患者・間者）／カンシャ（感謝・甘蔗）のように，アクセントも関係がありそうである．

　17世紀に成立した貞享版『補忘記(ぶもうき)』の漢語を調査した江口（1993）によると，「広多」「元初」のような「○と△」型の語構成のものは連濁しにくいとされる．和語と同様，漢語の連濁にも形態音韻論的な観点が欠かせないということであろう．

　もっとも，時代を経るにしたがって，これらの傾向に合わない例も増えてくる．今日連濁しない「法相宗」「妄想」は，近世初期に成立したポルトガル語による日本語辞書『日葡辞書(にっぽじしょ)』では，それぞれ Fossõjù（ホッソウジュウ），Mõzõ（モウゾウ）となっている．このように，中世には連濁していたのが今日では連濁しなくなった場合も少なくないのに加え，逆に，鼻音に後続しないにも関わらず濁る場合が新たに出現してきている．「西国」「皇太后」は，今日では「サイゴク」「コウタイゴウ」と読むことが多いが，「西」も「皇」も鼻音韻尾を有していない．また，1889年に出版された国語辞典『言海(げんかい)』では，それぞれ「さいこく」「くわうたいこう」と表記されているのであり，伝統的には連濁を起こさなかったと目される．この背後には「東国」「皇后」という連声濁例の存在があったと考えられるところである．和語の連濁と同様，漢語の連濁についても未解明の事柄が多く残されているのが現状である．

2.1.2　連　声

　単独だと「エン」「オン」となる「縁」「音」が，「因縁」「観音」のように，直前の撥音に引きずられて「インネン」「カンノン」というようにナ行音に変化する場合がある．これが連声と呼ばれる現象で，伝統的な漢語に散見される．「本能寺」も元は「本応寺」であり，連声形に由来している．

　連声の多くはナ行に変化するものであるが，「三位一体(さんみいったい)」「陰陽師(おんみょうじ)」などのように，マ行に変化するものもまれにみられる．これは「三」「陰」がかつては「サム」「オム」のようにmで終わっていたからであり，鎌倉時代頃に消失したn

韻尾とm韻尾の別が化石的に残っている例である[注4]. また,「剣幕」という語については, 古くは「険悪」というm韻尾が絡んだ連声形だったのが, 原義が忘れられて表記も変化したものとする説がある.

連声には鼻音韻尾が関わるもののほか, t入声字(「鉄」「吉」など,「〜ツ」「〜チ」で終わる一群)が関わるものがある.「雪隠(せっちん)」などはその一例であるし,『日葡辞書』には「Xôjenbattacu(賞善罰悪ショウゼンバッタク)」という漢語もみられる.「屈託」も「屈惑」に由来するという説もあるが, ただしこちらは「屈惑」の実例が見出せないことから, 真偽は定かではない.

現代語においては, 連声とは語彙的な現象であり, もはや造語力は有していない. また, 1650(慶安3)年に成立した『かたこと』では,「仁王経:にんわうぎやう→にんなうぎやう, 本院:ほんゐん→ほんにん」などの例をあげたうえで,「連声とてよきことばなり」と述べている. このような記述があること自体, この時代にあってはすでに連声が規則的でなくなっていたことの裏返しといえよう. そもそも連声現象自体の体系性に疑問を呈する松本(1970)などの説があるほか, 撥音型の連声に比べると促音型連声の実例が見出しにくいという遠藤(1998)の指摘もある. 先ほどの『かたこと』の記述からは, 連声には「よきことば」, つまり伝統的・教養などといった印象が伴っていたことが読み取れるのであって, 文献上に現れた連声例には, そのような人為的なものが含まれている可能性がある.

2.1.3 促音化

単独だと「ハツ」「リク」である「発」「陸」などが,「発表」「陸橋」などのように促音に変化する場合がある. 促音化する漢字の種類と促音化の条件とは, おおよそ決まっている. すなわち, 原則として「〜ツ」「〜チ」「〜ク」「〜キ」「〜フ」で終わるものが促音化するのであり, 促音化する条件はおおよそ表2.1の通りである.

「〜フ」で終わる一群というのは, 古代中国語では–pで終わるものであった.

(注4) n韻尾とm韻尾の区別は, 韓国語では現在も残っている. たとえば「釜山」はBusanであるのに対し,「サムスン(三星)電子」はSamsungである.

表2.1

字	促音化する条件	例
〜ツ・〜チ	カサタハ行子音の前	出港　必死　一体　実態　吉報…
〜ク・〜キ	カ行子音の前[*1]	楽観　国境　刻苦　卓見　石膏…
〜フ	カサタハ行子音の前[*2]	執権　合作　入唐　納得　法被…

*1 「北方」「独歩」などの例外もある．特に「六〜」は「六法」「六本」など造語力がある．
*2 上の二つに比べると語彙的に固定している．

　これが無声子音に続く際には促音化し，有声子音に続くか語末である場合には「〜フ」から「〜ウ」へと変化した[(注5)]．当初から「〜ウ」だったもの（具体的には -u や -ŋ で終わる一群）とは，今日では外見上の違いはないのだが，しかしこのような促音化を生じるか否かに化石的に区別が残っていることになる．

　なお，この種の字は，促音化例からの類推で，単独ででも「〜ツ」だと誤認されるにいたった字も存する．「立」「雑」「接」などがその例で，これらは本来「（リフ→）リュウ」「（ザフ→）ゾウ」「（セフ→）ショウ」が期待される．「建立」「雑煮」などという際の読みや，てへんのない「妾」がショウであるのが，むしろ正しい姿である[(注6)]．

演　習

課題 2.1　本節であげたもの以外に，漢語の連濁例をあげてみよう．その際，漢語の境界をまたぐものと漢語内とのそれぞれを挙例すること．

★**課題 2.2**　マンガなどでは，「三位一体」ならぬ「四位一体」がみられることがある．ヨンミ一体はどこがおかしいか，またそれならばどう読めばよいのか，考えてみよう．

(注5)　漢数字の「十」も本来は「ジフ」であって，したがって単独では「ジュウ」になる．その一方，「十回」「十点」の場合は促音化し，「ジッカイ」「ジッテン」となる．「ジュッカイ」「ジュッテン」とは本来誤った言い方であり，小学校の教科書でも「十ぽん」とされている．
(注6)　小松（1956）参照．

2.2　音形が変化した漢語

　年月を経るとともに，同じ文字列であるにも関わらず読み方が変化した漢語というものが散見される．その一端は前節の連濁・連声でみたところであり，変化の理由もさまざまである．本節では，音変化に属するなど，日本語史学上の合理性を有していると思しき一群を，次節ではむしろ単純な誤読に属すると思われるものを扱う．

2.2.1　音韻変化を蒙った例

　日本漢字音に生じた音韻変化の例としてまず挙げられるのが，合拗音^(こうようおん)の消滅である．すなわち，今日「警官」の「官」は「クヮン」，「蜜柑」の「柑」は「カン」というように区別する方言があることからうかがえるように，古くはカ行合拗音「クヮ」が存在した[注7]．現代東京・京都方言ではもはやこの区別は消滅している．

　和語においては，「咲きて→咲いて」のような音便化や，「岩：いは→いわ」のように語中のハ行音がワ行音に変化した現象など，さまざまな音韻変化がみられるのに対し，漢語ではそのような変化はまれである．日本語の中では新来の語種であるうえに，1字ずつの字音が定まっていることも関わっていると考えられることは，前節でも指摘した．とはいえ，漢語といえどもやはり日本語の一部であることから，和語に準じた変化を蒙っている例が時折みられる．

a.　音便化

漢語でウ音便を起こした例として，

　　格子　　…カクシ→カウシ→コウシ
　　冊子[注8]　…サクシ→サウシ→ソウシ

(注7)　このほかにも「クキ（鬼，均など）」「クエ（恵，券など）」というカ行合拗音も存在し，また「スヰン（春など）」「シヰツ（術など）」などとした資料も存するなど，サ行合拗音も存在したこともみてとれる．しかしこれらは鎌倉時代頃には消滅し，また現在の方言にも残っていないものである．

(注8)　「冊」を「サツ」を読むことがあるが，本来これは誤りで，正しくは「冊封体制」の「サク」である．

などがあげられる．特に「冊子」は「サウシ」へと変化したことにより「草子」「草紙」などといった語形が出現するにいたった．なお「そうめん」も「索麺」のウ音便化「さうめん」から来ているという語源説もあるが，こちらは「素麺」に由来するという説や唐音に語源を求める説もあり，当否は定かではない．

b. ハ行転呼音

11 世紀初頭頃に，語中・語尾のハ行音がワ行音に変化する現象が起こった．これがハ行転呼音と呼ばれるものであり，これを経た結果，現在語中にハ行を含む和語は，複合語などを除きほとんどない．しかし，漢語においては「利発」「謀反」など語中にハ行を含む例が数多くみられるのであり，これも漢語の特徴の一つであるといえる．それぞれの漢字に字音が対応しているのが一因と思われる．

とはいうものの，本来「びは」であった「琵琶」は，今日「びわ」である．「琵」は「ビ」，「琶」は「ハ」というような単字に分解した把握のされ方ではなく「琵琶」全体が 1 語として振る舞ったことの表れであろう．このような例はあまり多くないが，他にも「蘇芳」のような例や「阿波」などの固有名詞ではいくつかの例を指摘できる．

2.2.2 呉音・漢音が交代した例

日本漢字音は呉音・漢音（・唐音）という複層性を有しており，「京…呉音キョウ，漢音ケイ」「後…呉音ゴ，漢音コウ」というように一つの漢字に複数種類の字音が対応しているという特徴がある．仏教の世界では呉音が使われるなど，呉音・漢音の棲み分けが行われていたのが伝統的なあり方で，一つの漢語の中では呉音と漢音が混じらないのが基本であった．「微妙」は本来「ミミョウ（呉音）」と読み，「言語」は「ゴンゴ（呉音）」か，そうでなければ「ゲンギョ（漢音）」と読むものであった．しかし，明治以降呉音・漢音を峻別する意識が薄れた結果，「ビミョウ」「ゲンゴ」などのような呉音・漢音が混じり合った形が出現するにいたった（1.2.5 項参照）．

昔と今とで呉音読み・漢音読みが入れ替わった漢語は多々ある．『日葡辞書』のローマ字表記と，それを現代仮名遣いに置き換えた形とで若干例を示す．

（呉音→漢音）

犯人：Bonnin（<u>ボンニン</u>），父母：Bumo（<u>ブモ</u>），超越：Chôuot（チョウ<u>オツ</u>），没収：Moxxu（<u>モッシュ</u>），女性：Nhoxŏ（<u>ニョショウ</u>），希望：Qemŏ（<u>ケモウ</u>），決定：Qetgiŏ（ケツ<u>ジョウ</u>），音声：Vonjŏ（オン<u>ジョウ</u>），書籍：Xojacu（ショ<u>ジャク</u>）

（漢音→呉音）

厚情：Cŏxei（コウ<u>セイ</u>），地上：Chixŏ（チ<u>ショウ</u>），和睦：Quabocu（<u>カ</u>ボク）

　ここであげた例によると，「漢音→呉音」に比べると「呉音→漢音」が圧倒的に多くなっている．飛田（1968）でもこの傾向が指摘されており，漢語が激増するなかにあって，学問の世界の伝統であった漢音が優勢になったという見通しが示されている．

　呉音・漢音の峻別が甘くなるのと並行して，「漢字音の一元化」へと向かっていることも，屋名池（2005）で指摘されている．すなわち，呉音・漢音など複数種類の音を有している場合であっても，実際には無標の字音に使用が集中しているのが現状である．たとえば「殺」という漢字にはセツ・サツ・サイの字音があるものの，サイが使われるのは「相殺」「減殺」，セツが使われるのは「殺生」に事実上限られており，それ以外のものは，新たに造語されるものも含め「サツ」である．

　そうでなければ，何らかの条件により使い分けられているのが今日の実態であるとされる．「何らかの条件」というのは，具体的には「意味による読み分け」と「位置による読み分け」である．「意味による読み分け」とは，例えば「幕」の場合，「テント」「司令部」「幕府」の意味ならバク（幕舎，幕僚，佐幕），そうでなければマク（弾幕，字幕，閉幕）と読むなどというものである．また，「位置による読み分け」とは，語頭かそうでないかで読みが異なるもののことをいう．「男」「木」は，「ダン」「ナン」と「ボク」「モク」の字音を有しているが，語頭か非語頭かで使用が偏っている．すなわち，「男」は語頭ではダン（男女，男児），非語頭ではナン（長男，嫡男）が現れ，「木」も語頭ではモク（木製，木琴），非語頭ではボク（大木，神木）が現れることが多い．

　日本漢字音の特徴として，呉音・漢音（・唐音）などからなる複層性が従来指摘されてきたところであった．しかし，今日の使用の実態とは，実は伝統的な使い分けのあり方からは変容したものであることが指摘できる．

　課題2.3　音信・自然・調味・停止は，昔はどんな音形だったか調べてみよう．また，これらはそれぞれ「呉音→漢音」「漢音→呉音」のどちらのパターンに属するだろうか．

★**課題2.4**　「定」という漢字は，呉音「ジョウ」，漢音「テイ」であるが，現代語ではどのような基準で読み分けられているだろうか．「定説」「定義」「一定」「定規」など，漢語を作って考えてみよう．

2.3　誤読が定着した漢語

　前節と異なり，むしろ類推などを原因とした誤読が定着したとみられる漢語もある．例えば「漁」の字音は，「漁業」「漁獲」などの熟語や，部首のさんずいを除くと「魚」になることからもわかる通り「ギョ」が正しい．しかるに「漁師」は「リョウシ」と読むことが多い．これは「猟師」と混同したためで，本来は読み誤りに属するものであるが，社会的な広がりをもった結果，無視し得ないものとなった．このような事例も，いくつかの場合に分けられる．

2.3.1　似た漢語からの類推

　「漁師」のように，似た漢語からの類推によって誤読が広がることがある．近年，正しくは「チョウフ」であるはずの「貼付」が，「テンプ」と読まれる場合が散見されるが，これは「添付」と混同したものか，あるいは「店」「点」などからの類推と考えられる．「添付ファイル」がやりとりされる今日には，とりわけテンプの勢力が拡大していると思われるところである．

　やや古い例をあげると，「懺悔」は本来「サンゲ」であった．これが中世以降「ザンゲ」と濁音に移行していった理由は，「慚愧懺悔」という四字熟語があったことにより，前半の「慚愧」と干渉し合ったものといわれている（亀井（1959））．同様に「盛者必衰」も，「生者必滅」との混同から「ショウジャヒッスイ」と読まれていた時期があったが，橋本（1935）の考察の結果，今日では正しい「ジョウシャヒッスイ」に戻されている．

2.3.2 諧声符からの類推

誤読を誘発する要因のうち，最も多いのは諧声符からの類推によるものと思われる．「消耗」の「耗」の字音は本来「コウ」であるが，「毛」の類推から「モウ」と読まれることが多くなった．もっとも「心神耗弱」は「〜コウジャク」なのであり，こちらでは正しい読み方が残っている．

もともとは類推による誤読だったのが勢力を拡張し，その漢字の音として確立するまでにいたることがある．それが慣用音といわれるもので，「輸」のユなどがそれにあたる．これは本来は「シュ」だったのが，「諭・愉」などの類推から「ユ」と読まれるようになり，常用漢字表（後述）でも「ユ」のみが掲載されているにいたっている．

「脆弱（ゼイジャク）」も，「危」の類推から「キジャク」と読まれることが増えてきた．近年の俗用としては，「既出」を「ガイシュツ」と読む例が散見される．これは「概」などからの類推と思われるところで，現時点では誤読であるという共通理解が行われているものと思われるが，あるいは将来「ガイシュツ」の方が定着する可能性をはらんでいる．

2.3.3 漢字の聴覚的印象を反映した例

「貪」の字は，古代中国語では「探」と同じ音であって，漢音「タン」，呉音「トン」が想定される．したがって「貪欲」は理論上は「トンヨク」が正しいということになり，実際『日葡辞書』ではTonyocuとなっている．とはいえ「トンヨク」では貪欲に聞こえないのか，「ドンヨク」という形で用いられるようになった．

理論上想定される形と，文献上表れる形とで清濁が食い違う組み合わせとしては，「濁」もあげられる．こちらは漢音「タク」，呉音「ジ（ヂ）ョク」が期待されるところ，実際には「濁音」「濁流」などのように「ダク」と読まれている．「タク」では漢字の印象と合わないためであろう．

2.3.4 誤読の「効用」

「腔」の字音は「コウ」が正しいが，医療現場では「口腔外科」などのように「クウ」と読まれる．諧声符「空」からの類推が出発点にあるとしても，「コ

ウコウ」だと「口喉」などと紛らわしく，区別する必要があるためといわれる．
官庁で「執行」と紛れるのを避けるために，「施行」を「セコウ」と読むのも
同類である．このような「誤読」は，業務上の負担軽減につながるという実質
的な効果もさることながら，ある種の業界用語になっているのであり，位相語
として関係者の連帯意識を高める効果をも伴っていると考えられる．

演　習 ────────────────────────────────────

　　課題 2.5　「憧憬」の正しい読みは何だろうか．また，近年これを「ドウケイ」と
　　　　読むことが増えてきたのには，どういう背景があると考えられるか．
★**課題 2.6**　鉄道関係者の間では，「架線」を「カセン」ではなく「ガセン」と濁っ
　　　　て読む慣習がある．この「誤読」には，実際上どのような利点があるだろうか．

2.4　表記が変化した漢語

　2.2 節と 2.3 節では，使われている漢字という外形は変わらずに音形が変わ
った例をあげた．ここでは，逆に音形は変わらずに使われている漢字の方が変
わった例をあげる．

2.4.1　歴史的変化と当て字（宛字）

　漢語が長年にわたって使われた結果，本来の漢字が忘れられる，ないし直感
と合わなくなる場合が出てくる．その場合，新たに漢字を当てはめて合理化が
行われる場合がある．なお，漢語の表記の変化は意味の変化と連動しているこ
とも多い．漢語の意味変化については 5.5 節でも取り扱うので，あわせて参照
されたい．

　今日「時計」と表記される「とけい」は，本来の表記は「土圭」で，「日時計」
のことであった．当て字の結果，漢語らしくない語感になったが，本来はれっ
きとした漢語である．また，「大盤振る舞い」の「大盤」というのも宛字であり，
元来は「椀飯」，つまり椀に盛った飯に由来している．これが「ワンバン→ワ
ウバン→オウバン」というように変化したあげく，「椀飯」の本義が忘れられ，

「大盤」の字が当てられることになった.

　これらの例からもうかがえるように，当て字により本来の表記から変化した語には，重箱読みや湯桶読みのものが散見される．重箱読み・湯桶読みの語が出てきたら，当て字である可能性が小さくないといえよう.

　また，「面倒」というのはいかにも漢語のようであるが，「目だくな」が変化した「目だうな」に由来するとする説が有力である[注9]．「めだう」の語源が忘れられた結果，「面倒」という漢字が当てられるようになった例である.

2.4.2 当用漢字への書き換え

　日常平易な漢字の範囲を指定した「当用漢字」（現行の「常用漢字」の前身にあたる）が，1946 年に施行された．これは「法令・公用文書・新聞・雑誌および一般社会で，使用する漢字の範囲を示した（下線筆者，（注 10）も同様）」ものであり，漢字制限へと向かう一環として制定された性質を帯びている[注10]．当用漢字表の「使用上の注意事項」の中には「この表の漢字で書きあらわせないことばは，別のことばにかえるか，または，かな書きにする」とある.

　「かな書きにする」とは，「飯盒炊爨（下線は表外字であることを示す．以下同様）」を「飯ごう炊さん」，「拿捕」を「だ捕」などとするものである．「交ぜ書き」とも呼ばれるもので，「けん銃」「覚せい剤」などという表記を目にすることは多かった.

　一方，「別のことばにかえる」とは，「彙報」を「雑報」，「改悛」を「改心」というやさしい言い方に置き換える方法のほか，「擾乱」に代わる「騒乱」，「瀆職」に代わる「汚職」などを造語する方法，さらには当用漢字の中から，音が同じで，意味の似た漢字に置き換える方法が示された．第 3 期国語審議会報告「同音の漢字による書きかえ」の中から，具体例をいくつか示す.

（注9）　阪倉（2011）など参照．「だくな」とは今日の方言にもみられる形で，「それを使うのが惜しいこと」の意．「目だくな」とは「見るのも無駄なもの」が原義と考えられる.
（注10）　常用漢字とは「法令，公用文書，新聞，雑誌，放送など，一般の社会生活において，現代の国語を書き表す場合の漢字使用の目安を示す」ものであり，明らかに趣旨が異なっている.

衣裳→衣装	陰翳→陰影	叡智→英知	臆測→憶測	廻転→回転
潰滅→壊滅	徽章→記章	兇器→凶器	月蝕→月食	交叉→交差
古稀→古希	混淆→混交	撒水→散水	車輛→車両	障碍→障害
蒸溜→蒸留	侵掠→侵略	戦歿→戦没	褪色→退色	颱風→台風
諷刺→風刺	防禦→防御	繃帯→包帯	厖大→膨大	庖丁→包丁
無慾→無欲	理窟→理屈	聯盟→連盟		

このようにして書き換えられた漢字は，しかし意味が似ていてもまったく同じというわけではない．たとえば「徽章」は身分などを示すために帽子などに付ける印のことであるのに対し，「記章」とは事業などに参加した証として配られる印のことなのであって，本来異なるものであった．このような区別を捨象するものとして，書き換えに対する批判は大きい．

「輿論」も，同様の経緯で「世論」と書き換えられた．しかしそれとは別に「世論」と書いて「セイロン」と読む漢語が存在したうえに，「世論」だと湯桶読みになることから，「セロン」という読み方が広まりつつある．

演　習

課題 2.7　自然災害のカンバツは，本来「旱魃」と表記する漢語である．この語は現在どのように表記されているか．またそれはどのような方針によっていると考えられるか．

★**課題 2.8**　宝くじやお年玉付き年賀はがきには「抽せん」「当せん」などと書かれている．どうして「抽選」「当選」でなく，「せん」が平仮名なのだろうか．

2.5　声調・アクセント

中世以前の漢字音学習の場では，呉音・漢音の原音の声調（アクセントの一種，抑揚）までもが重視されていた．すなわち，漢文訓読資料などには，図のように，漢字の四隅に声調を示す圏点（声点という）を加えた資料が数多く見出せるのであり，その学習の様がうかがえるのである[注11]．

(注11)　資料によっては，四隅のほかにも加点している．ここではもっとも一般的な 6 種類の声点を加点した図を示す．

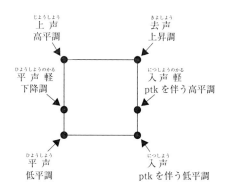

図 2.1 声調の図

これは学問の世界に限定されていたわけではなく，日常使用の漢語アクセントにもある程度反映されている．伝統的と目される漢語（多くは呉音語）の現代京都アクセントは，字音声調との間にある程度の関連性が見出せ，さらに東京・鹿児島といった方言アクセントとも対応するなど，和語に準じた性質を有するということは，奥村（1961），同（1964）などで指摘されたところである．

とはいえ，漢語アクセントと字音声調との関連性というのは，あくまでも「ある程度」にとどまるのであり，大昔の中国語の声調がそのまま今日の漢語アクセントに保存されているわけでは，決してない．漢字の字数や拍数が長くなれば漢語アクセントと字音声調との対応関係が明確でなくなることはすでに奥村（1964）で記されていることであるし，そのような状況は最近になって起こったことではなかった．平安時代においては，漢語の1字目こそ伝統的な呉音声調とよく一致しているものの，2字目以降はその限りでなく，日本語化を蒙っていたと考えられることが指摘されている（沼本（1979））．さらに近世になると，原音の声調に加え，アクセント型としての安定性というものも無視できなくなっている（上野（2011）第5章）．特に南北朝時代のころ，日本語のアクセント体系に大きな変化が起こった．これもまた，漢語アクセントと原音声調との乖離に拍車をかけた．

漢語アクセントが日本語に溶け込んだことを示す事象はほかにもあり，その一つが，同じ文字列であっても，意味を異にする場合アクセントの違いで使い分ける組み合わせの存在である．たとえば同じ「船長」という漢語であっても，

「船の責任者」の意味でだと頭高型になるのに対し,「船の長さ」の意味でだと平板型になる. 同様に「一杯」についても,「たくさん」の意味の副詞だと平板型,「(コップなど) 1 杯分」の場合だと頭高型と, 異なったアクセントで現れる. これなどは, 中国語の原音とは無関係の, 純粋に日本語に起因する問題である.

　漢語とは, いかに中国語起源とはいえ, もはや日本語にほかならないことをよく示している事例であるといえる.

演　習 ────────────────────────────────

　課題 **2.9**　「巨人」「中日」は, アクセントを変えることによってそれぞれ 2 種類の
　　意味を表し分けることができる. どのアクセントだとどういう意味になるだろ
　　うか.

★課題 **2.10**　アクセントの違いで意味を区別している組み合わせとして, これまで
　　あげてきた例以外にどのようなものがあるか.

語構成からみた漢語

3.1 一 字 漢 語

3.1.1 一字漢語の定着

漢語というと，典型的には2字の熟語がイメージされやすい．それより小さい1字の漢語は，現代日本語にはそれほど存在しないと感じるかもしれないが，数え上げていくと，意外なほど多くの1字の漢語が現代の日常語として存在することに驚かされる．「2字」という形式ではないために，漢語として意識されにくいことが，1字の漢語はあまりないという錯覚の原因なのであろう．

かなり早い段階で，日本語に移入・定着した一字漢語のなかには，一般的な漢字音とは異なる音形（漢字音らしくない音形）になっているものがある．語源に関する議論は，常に不確実さをはらみ，以下の例にも中国語起源とは断定できないものも含まれるが，漢字音から転じたものである可能性があるものを列挙してみよう．

ぜに（銭）―銭の字音より．　　たけ（竹）―竹の字音より．
きぬ（衣）―絹の字音より．　　かみ（紙）―簡の字音より．
うま（馬）―馬の字音より．　　うめ（梅）―梅の字音より．
やぎ（山羊）―羊の字音より．　やぎ（柳）―楊の字音より．

これらについては，狭義の漢語・漢字音には含めない（漢和辞典においても訓読み扱いする）ことが多い．

一方，以下に取り上げるのは，漢語（字音語）であるという意識を十分に保ったまま，日本語に定着しているものである．日本に存在しなかった事物・概念を表すために，外来語としての漢語が使用されることがあるのは当然である

が，一般的に一字漢語はシンプルな概念を表すことが多いので，もともと日本にもあったはずの事物・概念に対応する場合も多い．そうしたものが，和語による表現を駆逐して漢語として定着するのには，次のような類型があろう．

①和語では一括して表現していたものを，漢語によって細分化して表現

わた・きも　→　胃・腸・肺（・心臓・肝臓・腎臓・……）

②和語では多義的・曖昧な概念を，漢語によって簡潔に抽象化して表現

うつくしび・むつみ・めぐみ・……　→　仁

③和語による場合よりも，高度な体系性をもった表現に移行

ひ・ふ・み・よ・……　→　一・二・三・四・十・百・千・……

以下，品詞性および意味分野を基準に，具体的に一字漢語を整理してみよう．

3.1.2　動　詞

「愛する」「利する」「画する」「察する」など，いわゆる漢語サ変動詞が該当する．一字漢語にサ変動詞「する」が接続したものであるが，独立のサ変動詞や，二字漢語に接続した時の「する」とは，未然形の形が異なることがある（→4.7.2項参照）．

（異なるもの）　愛さない／溺愛しない，介さない／仲介しない

（同じもの）　　察しない／推察しない，接しない／隣接しない

漢字音の原音が鼻音韻尾で終わる場合には，サ変動詞部分が連濁を起こして「ずる」となることがあるが（→2.1.1項参照），その場合，現代共通語では，上一段活用で「じる」型に活用するのが原則である．

m韻尾：感じる・禁じる・減じる／淫する

n韻尾：演じる・信じる・論じる／関する・反する・面する

ŋ韻尾：応じる・興じる・命じる／称する・窮する・敬する

このほか，少数ではあるが，「力む」「告る（告白する）」のような，語幹が一字漢語である動詞もある．

3.1.3　副詞・形容動詞

助詞を付加せずに，単独で副詞として用いることができる一字漢語には，以下のようなものがある．

「極（ゴク）」 ごく簡単に申し上げます．
「直（ジキ）」 じき帰るでしょう．
「即（ソク）」 即，仕上げます．
「超（チョウ）」 チョーかっこいい．

　「極」と「直」は，ほとんどの場合，漢字では書かないし，「超」はカタカナやひらがなで「チョー」などと書かれることも多い．

　このほか，「〜に」の形で連用修飾，「〜な」（時に「〜の」）の形で連体修飾に用いる一字漢語がある．

　　特（に）・ 直（に）・優（に）
　　雑（に／な）・楽（に／な）・変（に／な）・妙（に／な）
　　急（に／な・の？）・別（に／な？・の）・逆（に／な？・の）
　　損（な）・得（な）・純（な）

3.1.4 名 詞

　一字漢語は，名詞（およびそれに準じるもの）として用いられるものが最も多い．以下，どのような一字漢語が，そのまま日本語に定着しやすいか，そして，現代語にまで生き延びることができたのか，意味分野ごとに検討してゆこう．

　（ア）数 詞
　「一・二・三・四・五・六・七・八・ 九 ・十・百・千・万・億・兆」などは，いずれも漢語である．四と七については，「十四人（じゅうよにん）」「七千四百（ななせんよんひゃく）」のように，それぞれ「よ・よん」「なな」という和語形も，しばしば混用される．

　10までの数については，現在でも「ひ・ふ・み・よ（ん）・いつ・む・なな・や（〜よう）・ここ（の）・とお」という和語も用いられるが，11以上については，もっぱら漢語で表現される．伝統的な和語でも，「とおあまりひとつ（十一）」「はたちあまりひとつ（二十一）」「い（五十）」「もも（百）」「ち（千）」等，2桁以上の数を表現することが可能であったが，冗長になりがちであるためか，淘汰されてしまった．

　（イ）助数詞・単位
　厳密には一字漢語ではないが，数詞と組み合わせて，助数詞・単位として用

いられる漢字があり，極めて造語力が高い．

位・円・回・階・機・期・件・個・歳・章・台・通・点・頭・人・番・票・本・枚・名・両

　なかには「回を重ねる」「点を取られる」などのように，一字漢語の名詞として安定的に用いられるものもある．名詞用法と助数詞用法のどちらが先行するかは，ケースバイケースであり，中国語の場合と日本語の場合とでも事情が異なるだろうから，個別に検討していく必要があろう．

　日時を表す表現は，漢語の体系に移行したといってよい．

年・月・日・時・分・秒

　しかしながら，日時の表現そのものではなく，月日の数を数えるときは，部分的に和語も残っており，漢語と混用される．「ひとつき／イッカゲツ」「ふたつき／ニカゲツ」「みつき／サンカゲツ」「イチニチ」「ふつか」「みっか」等．

　長さ・距離を表す単位として，かつては「里」「町」「丈」「尺」「寸」等の漢語が用いられたが，メートル法への移行により，現在ではほとんど使われなくなった．広さや重さを表す単位についても同様であり，和室の広さの単位である「畳」（尺貫法の外側の単位である）が，かろうじて残っているぐらいである．

　（ウ）空間・時間の相対的関係

　空間・時間の相対的関係の表現にも，意外に一字漢語が頻用される．「大・中・小」「上・中・下」「内・外」「前・中・後」などは，相対的関係を表現する語彙セットとして定着している．それぞれを単独・独立に表現したいときには，同じ意味を表す和語の方が好まれるが，簡潔な表現が志向されるときには，漢語が用いられるようである．接頭辞・接尾辞としての使用も盛んである．

　　大は小を兼ねる．

　　こぶし大の石ころ

　　彼の成績は中の上だ．

　　プール内でふざけてはいけません．

　　ソシュール前の言語学・前大統領・考え中・その後

　（エ）文芸・語学

文芸・語学関係の語も，漢語であるものが多い．口承文芸から，文字で記録される文学作品への転換は，中国の漢字・漢文の影響下で起こったのであるから，当然ではある．

本・書・詩・詞・辞・韻・題・銘・序・跋・版・作・訳・編・注・評・章・段・節・文・句・行・字・音・訓・義・例

（オ）美術・図形

日本においても，古くから立体造形や絵画・文様が存在したことは，土偶・土器など，豊富に残存する縄文時代の遺物からも明らかである．しかしながら，それらの概念を表すための固有の語彙は，驚くほど乏しい．「あや（文）」「かた（形）」「まる（丸）」などが該当しそうであるが，あまりに概念として粗い．かつては存在したとしても，早い段階で，漢語語彙にとって代わられてしまったのであろう．

絵・図・画・像・額・線・点・面・円・角・球・列・行・表

（カ）音楽・芸能・遊戯

日本の伝統音楽で用いられる楽器のほとんどは，大陸に由来するものであるが，「ふえ」「こと」「つづみ」等の基本的な楽器範疇を表すための語は，固有語に存在したため，細かな楽器の区別には，「こまぶえ（高麗笛）」「おおつづみ（大鼓）」のような複合語や，「きん（琴）のこと」「しょう（笙）のふえ」のような，漢語と和語を組み合わせた形を用いることがあった．しかし，西洋音楽および楽器の普及により，伝統的な楽器は私たちの日常から縁遠いものとなり，その種類を細かく呼び分けること自体がなくなった．現在通用している，一字漢語の楽器名は「笙」ぐらいであろう．

曲・音・拍・芸・弦・譜
宮・商・角・徴・羽（音階名）
面・碁・盤・賽

（キ）社会・経済

社会・経済関係の固有語としては，「のり（法）」「おきて（掟）」「つみ（罪）」「とが（咎）」「かが（利）」などがあるが，多くは漢語が使用される．この分野は，とりわけ大陸文化の影響が強かった．

法・牢・刑・罰・役・格・用・累・縁・損・得・利・益・財・税・票・決・

籍・軍・賊・駅・県・都・市

（ク）衣食住

衣食住を中心とした生活全般に関わる語彙は，和語によるものが多いが，漢語も意外に多い．一字漢語としては，以下のようなものがある．

服・綿・羅
食・肉・麺・茶・椀・盆・鉢・膳・台・席・猟（漁）
門・棟・塔・炉・桟・錠・栓・管

（ケ）哲学・思想・道徳

儒教・仏教に関わる語彙を中心に，抽象度が高い概念を表すための語は，中国語からの借用が多くなる．一字漢語だけでも以下のような例が指摘できる．

愛・礼・仁・義・理・恩・忠・孝・信・真・善・福・和・範・説・論・悪・非

「禅」は梵語 dhyāna に相当する音訳語（→ 1.4 節参照）である．

（コ）精神活動

日常的な精神活動を表す際にも，漢語を用いずに表現するのが，意外に難しいことがある．この一群は，「勘が良い」「念を入れる」「気が荒い」「我を張る」などのように，慣用句の形で定着しているものも多い．

気・性・情・欲・念・案・策・勘・楽・鬱・我

（サ）身体・医学

身体・医学関係の語彙は，ごく基礎的な身体部位名を除けば，多くは漢語に置き換わっている．なお，明治時代以降の翻訳語一般に関しては，日本で訳された和製漢語（→ 1.7 節参照）もあるが，一字漢語の場合は，原則として中国起源と考えてよい．そうしたなかで，「腺」は日本製の漢語（国字・新製字）であり，珍しい例である．

心・肺・腎・胃・腸・肝・胆・脾・脳・髄・胴・肉・熱・脈・尿・糞
痔・癌

（シ）動物・植物

動物・植物に関しては，日本列島においても多くの種類があり，「クマゼミ・アブラゼミ・…」「アカマツ・クロマツ・…」などのように，類似のものをグループ分けし，複合語によって呼び分けることが多い．外来の動物・植物（そもそも日本語圏内においても，動物・植物の分布には地域差があるのだが）の

場合も，既存のものと関連づけて，固有語の複合語で表現することが多い．驢
馬を「うさぎうま」，トマトを「あかなす」と呼んだのがその例であるが，こ
れらの場合は，結果的に借用語形（驢馬・トマト）の方が生き残った．また，「こ
まいぬ（高麗の犬）」「からいも（唐の芋＝サツマイモ）」のように，ネーミン
グ自体に，それが外来種であることが示される例もある．

　以上のような経緯により，漢語で定着している動植物名は，日本に存在する
種とは結び付けにくい形態をもった象・蘭など，特異なものが中心となる．そ
のためもあり，一字漢語の動植物名は，それほど多くない．しかしながら，
「蝶」や「蛾」は日本にも存在していたはずであるのに，なぜか一字漢語で定
着している．「蛾」を意味する古語としては「ひひる（ひいる）」があるが，「蝶」
を意味する古語は見当たらない．フランス語で蝶と蛾を区別せずにパピヨンと
呼ぶのと同様に，日本語でも古くは「ひひる」で蝶と蛾を表し，中国文化の影
響で二類を呼び分ける欲求が生じ，漢語に置き換わったものであろうか．
　　［動物］象・豹・犀・獏・竜・蝶・蛾
　　［植物］蘭・菊

　（ス）鉱　物

　鉱物に関する固有語の語彙は貧弱で，金属類は，それで作られた物を含めて，
ほぼ「かね」で表現されたようである．ほかには「なまり（鉛）」「すず（錫）」
などがある．

　大陸文化の移入により，「金」「銀」「銅」「鉄」等を，いちいち区別する意識
が発達し，それに連動して，「こがね（金）」「しろかね（銀）」「あかがね（銅）」
「くろがね（鉄）」などの和語を組み合わせた複合語が，体系的に発達したと見
るべきであろう．

　（セ）自然科学一般

　以上の分類から外れる，自然科学一般の語彙も，中国起源のものが多く，そ
の中に一字漢語として定着しているものがある．「涼（リョウ）を取る」「暖（ダ
ン）を取る」などは慣用句においてのみ一字漢語が使用され，通常は和語で表
現されよう．
　　液・毒・酸・量・比・率・差・和・零・種・類・群

　（ソ）唐音語

　「唐音語」は意味による分類とはいえないが，多く，中世の禅宗文化と関連深い事物を表す語であるという意味で一つの群をなしているとも見なせる．しかしながら，現代日本語で使用される唐音語は，急速に減少している．「行灯（アンドン）」「炭団（タドン）」のように，その事物自体が，現代ではほとんど使用されなくなっていることも多い．残っているものも，「まんじゅう（饅頭）」「こたつ（炬燵）」「たんす（箪笥）」「ひょうきん（剽軽）」「ほうれん（菠薐）草」「けんちん（巻繊）汁」などのように，漢字を使用せずにかなで表記するのが主流になっているものが多い．これは，唐音一般が，字音から対応する漢字を想起しにくいことと，常用漢字表に含まれない・音訓表に掲載されないものが多いということが，理由として考えられる．

　1字の唐音語，「瓶（ビン）」「餡（アン）」なども，ひらがな・カタカナで表記することが多いであろう．仏具の「鈴（リン）」は，一般家庭から仏壇が消滅しているためもあって，若い世代には馴染みがない語かもしれない．

演　習

　課題 3.1　空想上の動物であるにもかかわらず，漢語「竜（龍）」と和語「たつ」が併存していたのはなぜだろうか．また，和語「たつ」が，「タツノオトシゴ」「辰年」のような熟語を除けば，漢語「竜」に駆逐されてしまった理由も考えてみよう．

　課題 3.2　「純な」「得な」「別の」「逆の」のように，連体修飾するときに「な」をとるか，「の」をとるかを，二字漢語の場合と比べながら，整理してみよう．

3.2　二　字　漢　語

　漢語の典型である二字漢語は中国語起源のものも多く，それ以外の，日本で漢字を組み合わせて熟語とされたもの（和製漢語）も，基本的には中国の漢語の語構成に準じる．

【類似の意味の漢字を重ねたもの】

　①　ほぼ同義の漢字を重ねたもの

(a)　名詞

　　道路　　身体　　衣服　　火炎　　帝王　　山岳　　刀剣

(b)　形容詞・形容動詞

　　永久　　同等　　完全　　急速　　容易　　鋭利　　温暖

(c)　動詞

　　起立　　黙秘　　表現　　満足　　滅亡　　錯乱　　衰弱

②　関係のある事柄の漢字を重ね，両方の意味を表すもの

(a)　名詞

　　鳥獣　　金銀　　管弦　　詩歌　　風雨　　岩石　　湖沼　　姓名

(b)　形容詞・形容動詞

　　深遠　　清涼　　清貧　　冷淡　　長大　　重厚

(c)　動詞

　　見聞　　視聴　　飲食　　評釈　　考察

③　同じ漢字を重ねたもの

　　刻々　　重々　　続々　　黙々　　散々　　着々　　年々　　微々　　別々
　　脈々　　揚々　　洋々

【対義の漢字を重ねたもの】

①　二字が対等な関係のもの

　　父母　　男女　　兄弟　　姉妹　　夫妻　　自他
　　左右　　前後　　上下　　南北　　内外　　表裏
　　大小　　遠近　　高低　　老若　　美醜　　軽重
　　送迎　　発着　　往来　　起伏　　盛衰　　攻守

②　対義の一方を強調するもの

　　多少（少ないの意）・異同（違う点の意）・出没（現れるの意）・緩急（差し迫る
　　の意）

③　特別な意味を生じさせるもの

　　春秋（年月・時間の意）・寒暖（温度の意）・加減（調整・体の具合の意）・去就
　　（身の処し方の意）・早晩（遅かれ早かれの意）・断続（途切れながら続くの意）・
　　添削（他人の文章などを改良するの意）・終始・始終（始めから終わりまでの意）

【上の漢字が下の漢字を修飾するもの】

①　上の漢字が性質・様子を表すもの（連体的修飾）

　　山頂　　　海岸　　　野草　　　善行　　　悪名　　　賢者　　　愚問　　　白米　　　黒板
② 　上の漢字が程度・状態を表すもの（連用的修飾）
　　強奪　　　常用　　　熱演　　　速攻　　　微増　　　絶賛　　　最高　　　至善　　　猛暑
③ 　下の漢字の行動の前提となる行動を，上の漢字が表すもの（動詞＋動詞）
　　転用　　　教育　　　救出　　　敗走　　　批評　　　返済　　　拾得　　　捕食　　　借用
④ 　下の漢字の状態をもたらす行為・動作を，上の漢字が表すもの（動詞＋
形容詞・形容動詞）
　　説明　　　解明　　　改良　　　改善　　　拡大　　　肥大　　　補強　　　増強

【上の漢字が主語であるもの】
　　天覧　　　人為　　　日没　　　雷鳴　　　地震　　　国立　　　公営

【下の漢字が内容を補うもの】
① 　上の漢字の行動の対象（目的語）などを，下の漢字が表すもの
　　（〜ヲ）読書　　作曲　　建国　　握手　　開業　　禁煙　　伝言
　　（〜ニ）着陸　　着席　　乗車　　帰宅　　寄港　　登山　　就職
「心配」「肉食」「草食」などの逆順の漢語は，和製漢語であろう.
② 　上の漢字の状態・動作の主語を，下の漢字が表すもの
　　有益　　　有名　　　有限　　　無害　　　無縁　　　無策
　　多感　　　多湿　　　多才　　　少食　　　少年　　　少額
　　開花　　　落涙　　　降雨　　　発火　　　満車　　　行軍
中国語で「存現文（存在文・現象文）」と呼ばれる，事物の存在・出現・消
失を表現する文は，「動詞＋事物」の語順になるので，②も中国式の語構成の
漢語である.

【上の漢字が特定の意味を表すもの】
① 　意味を打ち消す漢字（不・未・非・無・否・莫）
　　不明　　　不安　　　不可　　　不吉　　　不正　　　不況　　　不義
　　未来　　　未刊　　　未見　　　未決　　　未婚　　　未詳　　　未定
　　非常　　　非凡　　　非力　　　非才　　　非情　　　非礼　　　非業
　　無益　　　無常　　　無情　　　無数　　　無断　　　無言　　　無垢
　　否認　　　否定　　　否決
　　莫大　　　莫逆
② 　可能・義務・受け身（可・当・被）

可燃　可決　可憐　可視　当然　当為　被告　被害　被服
被災　被爆

③　コト・モノの意の「所」

所定　所見　所感　所存　所蔵

【下の漢字が特定の意味を表すもの】

①　下の漢字が「ようす」「かかわり」などの意を表すもの（然・的・子・如）

雑然　依然　俄然　毅然　雑然　超然　呆然　漠然
知的　劇的　病的　動的　公的　私的　詩的　史的
菓子　帽子　冊子　拍子　調子／扇子　椅子／餃子（シ／ス／ザ）
欠如　突如　躍如

②　下の漢字が「すっかり」「とても」等の意を添えるもの（却・破・殺・来・了・得）

（すっかり）忘却　焼却　売却　脱却　読破　走破　看破
（とても）悩殺　忙殺　笑殺　壮絶
（ずっと）元来　本来　古来　生来
（しおわる）修了　満了　魅了　未了
（できる）説得

【そのほか語構成の説明が困難・不要なもの】

①　同声・同韻の字を重ねたもの（双声・畳韻）

彷彿（ほうふつ）　髣髴（ほうふつ）　磊落（らいらく）　怜悧（れいり）　玲瓏（れいろう）　躊躇（ちゅうちょ）　恍惚（こうこつ）
逍遥（しょうよう）　徘徊（はいかい）　爛漫（らんまん）　朦朧（もうろう）　混沌（こんとん）　蒼惶（そうこう）

オノマトペ的な性質も帯びており，語構成を明らかにしがたいものも多い．

②　故事成語

蛇足　完璧　推敲　白眉　矛盾　墨守

語構成が分析できるものも，そこから意味を導き出すことはできない．

③　略語（→ 3.6 節参照）

④　オノマトペ（擬音語・擬態語）（→ 4.4 節参照）

漢語起源のオノマトペは，現代の日常生活ではほとんど使われないが，「滾滾（コンコン）と温泉が湧く」「齷齪（アクセク）働く」のように，むしろ漢字書きされることのほとんどない語が，現代の日本語に深く定着していることがあるようである．

⑤　音訳語（→ 1.4 節参照）

　仏典にみられる梵語からの音訳語は，仏教関係の語彙を中心に，現代に生き残っている．ただし，菩薩は菩提薩埵<ruby>菩薩<rt>ぼさつ</rt></ruby>，伽藍は僧<ruby>伽藍<rt>がらん</rt></ruby>摩の略であるなど，梵語からの音訳語は，省略形で定着していることも多いので注意が必要である．

　欧米語由来の音訳語もかつては多かったが，現代でも使われ続けているものは少ない．「珈琲」などは，通常「コーヒー」と読まれるので，音訳語ではあっても，狭義の漢語とはいえないであろう．「倶楽部（クラブ）」「浪漫（ロマン）」なども同様である．

　「<ruby>襦袢<rt>じゅばん</rt></ruby>（ポルトガル語 gibāo）」「画廊（gallery）」「簿記（bookkeeping または booking）」などのように，外来語であること自体が意識されにくくなっている語もある．

⑥　和製漢語など

（a）　当て字（→ 1.7 節，2.4 節参照）

　　素敵　　阿呆　　急度　　仰山　　左様　　丁度　　兎角　　呑気　　野暮　　寿司

（b）　和語の漢字表記を音読みしたもの（→ 1.7.1 項参照）

　　物騒（ものさわがし）　　呉服（くれはとり）

（c）　漢字表記が変化して定着したもの（→ 2.4 節参照）

　　家来（家礼より）　　不憫（不便より）

⑦　その他

　中国語においても，他言語からの直訳現象は存在し，中国語の語法には合わない熟語がある．漢訳仏典にみられる梵語直訳語のなかには，日本語に移入されたものもある．

　　随喜（ズイキ）（梵語 anu-modana の直訳語）：教えを聞いて，それに応じて喜びが生じること．

演　習

　課題 3.3　なぜ欧米語起源の音訳語は衰退したのか，理由を考えてみよう．

　課題 3.4　「ら致」「だ捕」「改ざん」のような仮名・漢字交ぜ書きの不自然さと，「兎角」「丁度」のような和語の当て字表記の問題とを，関連づけて考えてみよう．

3.3 三 字 漢 語

　三字漢語は「2+1」または「1+2」に明瞭に分解できる成り立ちのものが多くを占める．社会の変化に応じた新語の創出は，二字漢語に関してはもはや限界に達しており，新しい概念を表現するためには，既存の要素を組み合わせた，三字漢語が中核を担うことになる（4字以上の漢語は，各部分の独立性の高い，臨時的な結合であって，単語とは見なしにくいものが大半を占める）．

　もちろん，「1+1+1」の3字が対等な関係で並列されるものも少なからず存在するし，「2+1」または「1+2」の結合の場合も，単純な足し算では理解できない，特徴的な語構成をしているものがある．特に「輸出入＝輸出＋輸入」「出入国＝出国＋入国」のように，因数分解的な構成の漢語は，このグループにおいて特異な一群をなしている．語構成的には，「輸＋出入」「出入＋国」とも分析されようが，「出入」という二字漢語から派生した三字漢語とは見なせないものである．

3.3.1 「1+1+1」の三字漢語

　三字が対等な関係になるものが典型であるが，まれに，「下克上（主語＋動詞＋目的語）」のように，文構造を内包するものもある．

松竹梅	雪月花	天地人	序破急	安近短	衣食住	攻走守
安近短	心技体	真行草	真善美	政官財	租庸調	知情意
度量衡	仏法僧	福禄寿	優良可	儒仏道	七五三	市町村

時に，「京都・大阪・神戸→京阪神」のように，略称を並列したものもある（→ 3.6 節参照）．

京阪神	上信越	金瓶梅

3.3.2 「1+2」の三字漢語

　造語力が高い接頭辞が付いて，後項の二字漢語の意味を限定するものが多い．二つの要素が組み合わさった複雑な概念を，コンパクトに1語で表現することが可能であり，日本語の語彙を豊かにしているだけでなく，論理的・簡潔な日

本語表現のために，三字漢語は欠かすことのできない要素である.

　対義関係は，「愉快／不愉快」のように，接頭辞の有無で表されるものも，「好印象／悪印象」のように，接頭辞の差で表されるものもある.

　以下，接頭辞の性質から，三字漢語を整理しよう.

【否定およびそれに準ずる接頭辞が付いた三字漢語】

　表3.1のようなものがある.「不」と「無」の使い分けは，後項が用言的であれば「不」，体言的であれば「無」というのが原則であるが，実際には，単純に割り切れない部分が残る.「不格好」「不細工」など，接頭辞が「ブ」と発音されるものは，「不」「無」のどちらで書くか迷うことがあり，「ブ調法」のように「不調法」「無調法」の双方が行われているケースもある.「未」は，日本語話者の感覚では，漢文で「未だ〜ず」と訓読するためもあって，否定の一種であるが，中国語話者にとっては，否定の感覚はないという.

【存在・数量を表す接頭辞が付いた三字漢語】

　表3.2のようなものがある. 対義関係は，おおむね「有／無（表3.1)」「多／少」「単／複」の差で表現されるが，「多細胞」の対義が「単細胞」，「少人数」

表3.1　否定およびそれに準ずるもの

非	非常識	非効率	非国民	非上場	非現実		
不	不登校	不如意	不愉快	不一致	不合格	不成功	不用意	不完全
無	無香料	無作為	無担保	無添加	無鉄砲	無意識	無責任	無計画
未	未確認	未成年	未着手	未開通	未決定	未公開	未開封	未経験
没	没交渉	没個性	没自我	没趣味	没常識	没意義	没論理	没人情
異	異人種	異業種	異領域	異世界	異分子	異形態		
逆	逆効果	逆輸入	逆探知	逆行列	逆差別		
脱	脱原発	脱派閥	脱官僚	脱構築	脱感作		
反	反原発	反増税	反革命	反時代	反社会	反体制	反宇宙	反比例

表3.2　存在・数量を表すもの

有	有意義	有意味	有資格	有配当	有利子	
多	多細胞	多機能	多国籍	多民族	多頻度	
少	少国民	少時間	少人数	少部分	少納言	
単	単細胞	単音楽	単旋律	単結晶	単子葉	単振動	単分数
複	複素数	複音楽	複語尾	複選挙	複分裂	複分数

表3.3 相対的関係を表現するもの

主	主産業	主寝室	主旋律	主惣菜	主目的			
亜	亜脱臼	亜熱帯	亜寒帯	亜音速	亜高木	亜低木	亜砒酸	亜硫酸
準	準優勝	準決勝	準社員	準教員	準委任	準契約	準世帯	準宝石
次	次世代	次侍従	次高音	次硝酸				
正	正会員	正社員	正選手	正捕手	正方形	正角柱	正断層	正比例
副	副作用	副葬品	副産物	副収入	副成分	副食物	副会長	副都心
初	初対面	初体験	初感染	初一念	初速度			
再	再構築	再利用	再検討	再試験	再浮上	再構成	再放送	再登板
過	過干渉	過呼吸	過伐採	過保護	過酸化	過電流	過負荷	過冷却
超	超能力	超一流	超高層	超高速	超大国	超伝導		

表3.4 程度・様子を表現するもの

猛	猛反対	猛特訓	猛練習	猛反発	猛攻撃	猛反撃	猛反省	猛勉強
快	快進撃	快記録	快速球	快男児	快男子			
全	全否定	全速力	全自動	全神経	全世界	全日本	全音符	全音階
総	総指揮	総監督	総生産	総点検	総資産	総会議	総決算	総攻撃
高	高金利	高周波	高血圧	高気圧	高学歴	高画質	高気密	高濃度
低	低金利	低周波	低血圧	低気圧	低緯度	低学年	低次元	低賃金
大	大音量	大感激	大観衆	大企業	大恐慌	大健闘	大成功	大失敗
小	小市民	小家族	小劇場	小休止	小学区	小宇宙	小京都	小区分
微	微調整	微生物	微分子	微粒子	微係数			

表3.5 属性を表現するもの

怪	怪文書	怪人物	怪気炎	怪光線			
好	好印象	好影響	好循環	好感触	好機会	好青年	好人物
悪	悪印象	悪影響	悪循環	悪感情	悪平等	悪代官	
公	公権力	公教育	公企業	公文書	公約数	公倍数	
私	私企業	私経済	私義務	私生活	私小説	私墾田	
実	実体験	実年齢	実人生	実名詞	実関数		
新	新学期	新学年	新幹線	新商品	新発売	新開発	
旧	旧校舎	旧街道	旧華族	旧憲法	旧制度	旧思想	旧正月
純	純文学	純文科	純喫茶	純資産	純利益	純所得	純客観
禁	禁帯出	禁転載	禁複製	禁治産			
和	和食器	和菓子	和箪笥	和太鼓	和包丁	和蝋燭	
洋	洋学校	洋食器	洋菓子	洋楽器	洋箪笥	洋封筒	

の対義が「多人数／大人数」等々，個別の慣用も多い．そのためもあり，「ショウ」と発音される接頭辞は，「少」か「小（表 3.4）」かで迷いやすい．

このほか，表 3.3〜表 3.5 のような接頭辞が，三字漢語を形成するものとして代表的なものである．

また，「祖父母」「移出入」「歳出入」「輸出入」「競売買」なども，「1＋2」の構造と分析されるが，実際には「祖父＋祖母」「輸出＋輸入」のような因数分解的な構成の語であるといえる．ただし，同じ因数分解的な構成の語であっても，「2＋1」と分析される「教職員」「動植物」の類に較べると，その例は少ない．

さらには，「運不運」「快不快」「幸不幸」「適不適」などは，「不」を挟んで同じ漢字が入り，「1＋2」の前項「1」と後項「2」とが対義の関係になっている．

このほか，1 字目と 3 字目に同じ漢字が入る三字漢語としては，「刻一刻（次第に時間が経過するさま）」「歩一歩（一歩一歩進むさま）」「人非人（人でなし）」などがある．

3.3.3　「2＋1」の三字漢語

このタイプの三字漢語は，末尾の 1 字に造語力が高い接尾辞が付く例が多い．3.1 項においては，意外に多くの一字漢語が日本語に生きていることを指摘したが，全体からみれば，一字漢語の存在範囲はごく狭い．「2＋1」型の三字漢語の後項は，結果的に，単独では用いることのできない要素であることが多いことになる．そのためもあり，「1＋2」の構成の三字漢語においては，意味の中核が後項の 2 字にあって，前項の 1 字はその意味を限定する要素である結合に偏るのに対し，「2＋1」の構成の場合には，むしろ後項には意味の中核があるとはいいにくいものが多い．

「2＋1」の三字漢語で注目されるのは，後項の 1 字により品詞性を転換させるタイプのものである．さまざまな概念を表す二字漢語を，日本語の文脈に簡潔に組み入れる際には，大いに威力を発揮する形式である．

【〜化】	温暖化	現実化	表面化	自由化	少子化	表面化	民営化
【〜視】	度外視	等閑視	客観視	問題視	白眼視		
【〜的】	現実的	抜本的	大々的	楽観的	刺激的	情熱的	全体的
【〜感】	圧迫感	威圧感	親近感	恐怖感	距離感	緊張感	透明感

【〜性】遮音性　　公益性　　水溶性　　突発性　　利便性　　難燃性　　信頼性

【〜度】完成度　　達成度　　熟練度　　好感度　　信頼度　　満足度　　注目度

以下，全体が名詞となる「2 + 1」型の三字漢語について，意味分野ごとに整理してみよう．二字漢語では表現しきれない多様な概念をもつ語が創出されている一方で，四字漢語ほどは，各要素の意味の独立性が高くない，「一語感」の強い語が多いこともみてとれよう．

【人の種類・役割を表す三字漢語】

表 3.6 のようなものがある．これほどのバリエーションが本当に必要なのか，と思われるほど多様である．接尾辞「人」は，役割を表すときは呉音で「ニン」，人種を表すときは漢音で「ジン」と読まれる．接尾辞「手」は，本来は「歌い手」「買い手」などの「〜を担当する人」の意の和語であったが，それを漢字表記した「手」を音読みしてできた，和製漢語の接尾辞である．

【場所・部位を表す三字漢語】

表 3.7 のようなものがある．接尾辞「地」は，「観光地」のように範囲が不明瞭な広い地域にも，「休耕地」のように範囲が明確な小さな土地にも用いられる．接尾辞「部」も，「山間部」から「後頭部」まで，全体に対しての部分

表 3.6　人の種類・役割を表す三字漢語

者	妻帯者	雇用者	学習者	労働者	第三者	事業者	利用者	被害者
人	(役割)　管理人	賃借人	管財人	弁護人	行商人	清算人	媒酌人
	(人種)　渡来人	帰化人	南蛮人	紅毛人	中国人	韓国人	米国人
員	事務員	服務員	運動員	会社員	従業員	添乗員	厩務員	劇団員
官	裁判官	警察官	自衛官	外交官	補佐官	秘書官	事務官	監査官
手	運転手	交換手	機関手	操舵手	狙撃手	遊撃手	内野手	一塁手
家	音楽家	起業家	投資家	酒造家	神道家	装丁家	茶道家	武道家
師	連歌師	俳諧師	詐欺師	調理師	薬剤師	理容師	美容師	整体師
士	消防士	航海士	栄養士	看護士	整備士	闘牛士	代議士	機関士
漢	大食漢	好色漢	門外漢	硬骨漢	無骨漢	無頼漢	熱血漢	冷血漢
婦	看護婦	助産婦	妊産婦	経産婦	家政婦	保健婦	雑役婦	売春婦
児	早産児	未熟児	乳幼児	私生児	反逆児	問題児	異端児	風雲児
子	婚外子	配偶子						
主	商店主	広告主	事業主	雇用主	救世主	造物主		
族	斜陽族	社用族	暴走族	転勤族	太陽族	斜陽族	満州族	蒙古族

であれば，広さ・大きさに関係なく用いられる．「所」「場」「館」「店」は，人工的に整備された場所であるので，広さ・大きさにはおのずと限度があろう．

【時間・期間を表す三字漢語】

表 3.8 のようなものがある．接尾辞「中」は，継続を意味するときは「チュウ」，全体を意味するときは，時間・空間ともに，濁音形「ジュウ」を用いる．

【そのほか】

表 3.9～表 3.15 に，そのほかの「2＋1」型の三字漢語を，分野ごとに列挙した．

また，「受発注＝受注＋発注」「飲食物＝飲物＋食物」のような「2＋1」構成の因数分解方式の三字漢語は，「1＋2」の構成の三字漢語よりも豊富である．

一両日	改襲名	出入国	休廃業	教職員	許認可	好不況
国公立	離着陸	陶磁器	今明日	資機材	自他覚	視聴覚
受発注	全半壊	増改築	送受信	贈収賄	中南米	北中米
入退院	乳幼児	飲食物	動植物	農山村	売買春	悲喜劇
風水害	部課長	預貯金				

表 3.7　場所・部位を表す三字漢語

国	開催国	参加国	基軸国	関係国	友好国	周辺国	途上国	先進国
地	温泉地	保養地	別荘地	観光地	遊園地	開催地	休閑地	遊休地
所	営業所	事務所	観測所	鑑別所	研究所	撮影所	教習所	興信所
場	催事場	運動場	競技場	駐車場	駐輪場	浄水場	飛行場	操車場
館	図書館	体育館	博物館	美術館	水族館	国技館	鹿鳴館	迎賓館
店	専門店	直営店	代理店	姉妹店	鮮魚店	生花店	青果店	文具店
部	下腹部	後頭部	損傷部	欠落部	人事部	経理部	野球部	文芸部

表 3.8　時間・期間を表す三字漢語

期	間氷期	四半期	思春期	倦怠期	円熟期	更年期		
時	空腹時	災害時	非常時	平常時	外出時	睡眠時		
中	（継続）作業中	修理中	睡眠中	勉強中	外出中	会議中	会期中
	（全体）一日中	一年中／世界中	日本中	学校中			
末	世紀末	会期末	学期末	学年末	年度末		

表3.9 文学・芸術のジャンル・形態を表す三字漢語

本	影印本	複製本	教則本	袖珍本	滑稽本	人情本	和装本	活字本
書	奥義書	注釈書	啓蒙書	教科書	調査書	内申書	申請書	答申書
紙	業界紙	夕刊紙	大衆紙	新聞紙	模造紙	雁皮紙	再生紙	感熱紙
誌	週刊誌	月刊誌	季刊誌	機関誌	広報誌	同人誌	業界誌	郷土誌
版	海賊版	復刻版	限定版	原色版	豪華版	縮刷版	活字版	慶長版
文	文語文	会話文	感想文	反省文	追悼文	紀行文	暗号文	疑問文
記	旅行記	見聞記	奮闘記	闘病記	行状記	学位記	古事記	太平記
曲	歌謡曲	鎮魂曲	交響曲	前奏曲	夜想曲	協奏曲	狂詩曲	変奏曲
歌	鎮魂歌	讃美歌	応援歌	相聞歌	旋頭歌	釈教歌		
音	中低音	共鳴音	機械音	暴走音	破裂音	摩擦音	爆破音	警告音

表3.10 乗り物・機械の種類を表す三字漢語

車	街宣車	一輪車	撒水車	大衆車	人力車	改造車	消防車	霊柩車
機	旅客機	端末機	洗濯機	扇風機	乾燥機	券売機	耕耘機	改札機
船	旅客船	蒸気船	捕鯨船	砕氷船	海賊船	御用船	飛行船	宇宙船
器	給湯器	弱音器	浄水器	盗聴器	保育器	循環器	温水器	加湿器

表3.11 医学・薬学関係の三字漢語

病	花柳病	公害病	冷房病	職業病	歯周病	腎臓病	黒死病	糖尿病
症	花粉症	熱中症	拒食症	心身症	蓄膿症	依存症	健忘症	後遺症
狂	色情狂	偏執狂	露出狂	妄想狂	収集狂	競馬狂		
癖	収集癖	飲酒癖	虚言癖	誇張癖	空想癖	孤独癖	放浪癖	嗜虐癖
熱	猩紅熱	知恵熱	気化熱	凝固熱	欧化熱	事業熱	創作熱	
炎	腱鞘炎	関節炎	腹膜炎	膀胱炎	口内炎	歯肉炎	角膜炎	
死	過労死	衰弱死	突然死	安楽死	尊厳死	自然死	感電死	窒息死
筋	括約筋	大胸筋	僧帽筋	表情筋	腓腹筋			
腺	扁桃腺	耳下腺	甲状腺	前立腺	唾液腺	分泌腺	皮脂腺	生殖腺
剤	育毛剤	強心剤	保冷剤	抗癌剤	催眠剤	消臭剤	制汗剤	入浴剤
薬	外用薬	内服薬	漢方薬	睡眠薬	万能薬	大衆薬		
膏	絆創膏	紫雲膏	五霊膏	白龍膏	頭痛膏	万能膏		

3.3.4 語構成の分析が困難または不要であるもの

（ア）「1+2」とも「2+1」とも解せるもの

① 1字目と2字目に同じ漢字が入るもの

　古古米　　先々代　　内々定　　万々歳　　万々一　　好好爺　　七七日

表3.12　法律・制度や方式などを表す三字漢語

令	箝口令	鎖国令	戒厳令	徳政令	華族令		
法	（方法）十進法	尺貫法	加減法	痩身法	脱毛法	救急法	脱出法
	（法令）特別法	基本法	行政法	戸籍法	出資法	禁酒法	禁田法
制	会員制	会費制	全日制	徴兵制	年俸制	終身制	陪審制	連座制
式	（方式）着脱式	開閉式	回転式	自動式	西洋式	中国式	日本式
	（数式）方程式	計算式	関係式	分数式	無理式	実験式	構造式
	（式典）結婚式	結団式	開会式	告別式	上棟式	始業式	成人式
権	既得権	空中権	嫌煙権	肖像権	抵当権	日照権		

表3.13　経済・社会生活などを表す三字漢語

税	延滞税	環境税	炭素税	有名税			
金	違約金	移籍金	課徴金	還付金	義援金	供託金	寄付金	前納金
料	（料金）戒名料	使用料	賃貸料	賃借料	迷惑料	慰謝料	原稿料
	cf.（材料）着色料	保存料	香辛料				
給	能率給	基本給	歩合給	時間給			
職	管理職	一般職	総合職	特別職	技能職		

表3.14　軍事関係の三字漢語

軍	関東軍	解放軍	十字軍	進駐軍	連合軍	巨人軍	
戦	騎馬戦	攻防戦	接近戦	雪辱戦	最終戦	個人戦	総力戦	前哨戦
陣	包囲陣	魔方陣	取材陣	報道陣	首脳陣	捜査陣	
隊	自衛隊	海兵隊	警官隊	白虎隊	親衛隊	救助隊	軍楽隊	鼓笛隊

表3.15　分類・系統を表す三字漢語

類	根菜類	柑橘類	哺乳類	両生類	爬虫類	真猿類	猛禽類	甲殻類
種	絶滅種	交雑種	改良種	在来種	固有種	外来種	肉用種	乳用種
派	穏健派	強行派	行動派	個性派	実力派	武闘派	本格派	
層	若年層	中間層	知識層	年齢層／角質層	沖積層	石灰層	電離層
流	勘亭流	自己流	日本流	米国流／土石流	溶岩流	火砕流	沿岸流
道	騎士道	武士道	修験道	陰陽道	紀伝道／東海道	山陽道	北陸道
系	外資系	生態系	太陽系	銀河系	神経系	血管系		

大々的　　複々線　　種々相　　暗々裏　　再々演

② 　2字目と3字目に同じ漢字が入るもの

赤裸々　　暗黒々

③　敬語がどこまでかかるか曖昧なもの

　御仏前　　御用金

④　程度を表す語がどこまでかかるか曖昧なもの

　最高齢　　最古参　　最上段　　最新鋭

（イ）音訳語（→ 1.4 節）

　盂蘭盆　　　阿弥陀　　阿修羅（梵語より）

　金平糖　　　天麩羅（ポルトガル語より）

　倶楽部　　　亜細亜（欧米語より）

（ウ）当て字

　歌舞伎　　恵比須

演　習

> **課題 3.5**　二字漢語の「難読」「難解」などは，何をすることが難しいのかを後項の1字で表している．一方，三字漢語の「経営難」「就職難」「結婚難」などは，何が難しいのかを前項の2字で表す．他にも二字漢語と三字漢語とで，構成が逆になる例がないか考えてみよう．
>
> **課題 3.6**　因数分解方式の三字漢語が，「1＋2（輸出入の類）」よりも「2＋1（国公立の類）」の方が豊富である理由を考えてみよう．

3.4　四　字　漢　語

　四字の漢語で最も標準的なのは，「交通安全」「動物愛護」「高級旅館」「迷惑千万」などのように，二つの二字漢語が組み合わされた，「2＋2」の構造のものである．前項の漢語と後項の漢語との関係は，極めて多様であるが，「1＋1」の二字漢語の場合とは明白に異なる傾向をみせる部分もある．

　まず，「2＋2」以外の構造の四字漢語について概略を述べておこう．

　4字が対等な関係にある「1＋1＋1＋1」の構造の四字漢語には，以下のようなものがある．4字の関係はおおむね対等であると見なせるが，アクセントの単位は前項2字と後項2字とでまとまっているものもある．

　東西南北　　　春夏秋冬　　　花鳥風月　　　喜怒哀楽

　　士農工商　　起承転結　　都道府県　　甲乙丙丁

「1＋3」の構造のものとしては「生年月日」など，「3＋1」の構造のものとしては「言語道断」「五里霧中」「愛別離苦」などがある．しかし，これらの四字漢語がそうした珍しい構造であることは，普段はなかなか意識されにくく，アクセントも「2＋2」の構造であるかのように発音されることが多い．

　　<u>セイネンガッピ</u>
　　<u>ゴンゴドウダン</u>　　<u>ゴリムチュウ</u>　　<u>アイベツリク</u>

「3＋1」型の「言語道断」「五里霧中」「愛別離苦」をもう少し詳しく分析すると，「言語道断」「五里霧中」は「(2＋1)＋1」，「愛別離苦」は「(1＋2)＋1」という構造をなしている．

　あまり「四字熟語」らしくはなくなるが，臨時的な結合をなしている四字漢語には，二字漢語に生産性の高い二つの接辞（接頭辞・接尾辞）が付いたもの，つまり三つの要素から成り立っている四字漢語がある．このタイプのものとしては，「(1＋2)＋1」という構造のものが最も多い．このタイプの四字漢語は，十分に語構成が意識されており，「2＋2」型のアクセントで発音されることはない．

　　不透明化　　脱原発派　　低価格帯　　禁帯出書　　和菓子店

「1＋(2＋1)」という構造のものは，「反強硬策」「新従業員」「超熱血漢」など，アクセントが1単位化しない，より臨時的な印象の強い結合に偏るので，「非現実的」「反主流派」「新開発薬」のように，「(1＋2)＋1」とも，「1＋(2＋1)」とも解せるものも，無標の構造である「(1＋2)＋1」と解すべきなのかもしれない．

　「(2＋1)＋1」のものとしては，「口内炎薬」「大衆化策」「学習者用」，「1＋(1＋2)」のものとしては，「準正社員」「超低金利」「反公権力」などがあり，これらもかなり臨時的な印象の強い結合である．

3.4.1　漢字の特徴からみた「2＋2」構造の四字漢語

　四字漢語の大多数は「2＋2」の構造であると理解される．これらの四字漢語の前項と後項との関係は多様であるが，使用される文字に注目してみると，以下のように特徴的な構成をなしているものが多いことに気が付かされる．

① それぞれの部分が同じ漢字を繰り返すもの

明々白々	奇々怪々	正々堂々	三々五々	虚々実々	侃々諤々
喧々囂々	唯々諾々	陰々滅々	平々凡々		

② それぞれの部分に同じ漢字が一つずつ入るもの

不老不死	不朽不滅	不撓不屈	不偏不党	不眠不休	不即不離
不要不急	無為無策	無位無冠			
多事多難	多情多恨	多種多様			
全身全霊	半信半疑	半死半生	半知半解		
自画自賛	自給自足	自業自得	自縄自縛	自暴自棄	自問自答
一進一退	一朝一夕	一長一短	一喜一憂	一問一答	一挙一動
一世一代	一期一会	一字一句	一言一句	一汁一菜	一国一城
一宿一飯	一木一草	一問一答	一進一退	百発百中	
適材適所	誠心誠意	独立独歩	私利私欲	栄耀栄華	
以心伝心	右往左往	四苦八苦	有耶無耶	有象無象	

③ それぞれの部分に異なる数字（または半・両・双）が一つずつ入るもの

一石二鳥	一日千秋	一攫千金	一瀉千里	三寒四温	四苦八苦
五臓六腑	七転八倒	朝三暮四	千客万来	千変万化	一騎当千
一刀両断	一挙両得	一言半句	一知半解		

④ それぞれの部分に似た意味の漢字が入るもの

千変万化	七転八倒	独立独歩	沈思黙考	悪戦苦闘	雲散霧消
内憂外患	一世一代				

⑤ それぞれの部分に対義の漢字が入るもの

三寒四温	半信半疑	自問自答	一進一退	一朝一夕	一長一短
一喜一憂	朝三暮四	有耶無耶	右往左往	内憂外患	異口同音

⑥ 対義の組み合わせを繰り返すもの

栄枯盛衰	利害得失	去就進退	毀誉褒貶	離合集散	吉凶禍福

3.4.2　意味構造からみた「2+2」構造の四字漢語

「2+2」の構造の四字漢語の前項2字と後項2字との関係は，二字漢語の場合に準じることが予想されるが，実際には四字漢語には該当例が見つけにくいものもある．また，明らかに原則が異なるのは，動作と対象（ヲ格・ニ格）を組み合わせて全体で動作を表す場合である．二字漢語では「読書」「帰国」の

ように対象が後項になるのに対し，四字漢語では「人命救助」「原点回帰」の
ように対象が前項となるのが原則である点に，顕著な差がある．以下，3.2 節
の二字漢語の分類に準拠して整理しよう（該当する四字漢語がある区分のみを
抽出して示す）．

【類似の意味の二字漢語を重ねた語】

① ほぼ同義の漢語を重ねた語

曖昧模糊	苦心惨憺	罵詈雑言	平安無事	紆余曲折	複雑多岐
自由自在	完全無欠	美辞麗句	廃仏毀釈	苦心惨憺	雲散霧消

② 関係のある事柄の漢語を重ね，両方の意味を表す語

山川草木	八面六臂	拍手喝采	不言実行	薄利多売	無味無臭

【対義の二字漢語を重ねた語】

① 二字同士が対等な関係

有象無象	有耶無耶	半信半疑	右往左往	内憂外患	晴耕雨読

このタイプの四字漢語は「登校下校→登下校」「離陸着陸→離着陸」「輸出輸
入→輸出入」「祖父祖母→祖父母」のように，三字漢語に圧縮されてしまうも
のもある．

【上の二字漢語が下の二字漢語を修飾する語】

①・② 前項の二字漢語が性質・状態・程度を表す語

高級旅館	安楽椅子	相乗効果	安全運転	特別編成	研究計画

二字の漢語の場合とは異なり，四字漢語は，連体的修飾か連用的修飾かを区
別しにくい．たとえば，「安全運転」は，「安全な運転」なのか，「安全に運転
すること」なのか，判断しがたい（判断する必要もないであろう）．

③ 後項の二字漢語の行動の前提となる行動を，前項の二字漢語が表す語

「転用」「敗走」などの二字漢語に比べると，四字漢語の各要素は，動作内容
の具体性・独立性が高く，この分類に該当する典型例は指摘しにくい．あえて
あげると，「訪問販売」「解体修理」などは，前項の行為が後項の行為の前提と
なる四字漢語であるといえる．一方，語構成的には①，②に相当するものとな
るが，「慰安旅行」「受験勉強」「生存競争」「応援演説」などは，前項の行為が，
後項の行為の目的である（「前項」ノ為ノ「後項」）ので，「後項→前項」とい
う逆の時間構造をなしている四字漢語とも解釈できる．

【前項の二字漢語が後項の二字漢語の主語であるもの】

意気投合　　言行一致　　前途多難　　油断大敵　　念願成就　　健康第一

【前項の二字漢語が後項の二字漢語の内容を補うもの】

①　後項の二字漢語の行為の対象などを，前項の二字漢語が表す語

「読書」「着陸」等の2字の漢語の場合と，組み合わせの順序が逆になる．ただし少数ながら，「欣求浄土」のように，中国起源の四字漢語には，二字漢語と同じ順序になるものがある．

世論調査　　伝統墨守　　判官晶屓　　人命救助　　適性試験　　商品開発
入場制限　　真相究明　　原点回帰　　受験特化　　富士登山　　東京到着

【そのほか，説明が困難・不要なもの】

②　故事成語

呉越同舟　　画竜点睛　　孟母三遷　　朝三暮四　　四面楚歌　　臥薪嘗胆

③　略語→ 3.6 節参照

④　オノマトペ→ 4.3 節参照

⑤　音訳語→ 1.4 節参照

⑥　和製漢語→ 1.7 節参照

演 習

課題 3.7　「右往左往」などが「右左往」等に縮約されにくい理由を考えてみよう．

課題 3.8　3.2 節で整理した二字漢語の構造のなかで，「2＋2」の四字漢語には見出しにくい構造を抜き出してみよう．また，なぜそのような語例が少ないのか，考えてみよう．

3.5　五字以上の漢語

五字以上の漢語は，おおむね臨時的な結合とみなされるものである．もちろん，なかには単純な意味の足し算では理解しにくい内容をもつものもある．

青年実業家　　相対性理論　　五十歩百歩　　日本放送協会
国立国語研究所

3 単位以上から成り立っている漢語の場合には，その語構成が曖昧になりや

すいこともある．たとえば，「気象予報士」は「気象予報＋士」なのか「気象
＋予報士」なのか，「前衛芸術家」は，「前衛芸術＋家」なのか「前衛＋芸術家」
なのか，判断が難しい．ただし，どちらの語構成であると解釈しようと，漢語
全体の意味の理解には影響はしない．

　また，語構成とアクセントの単位のずれが生じるのも，五字以上の漢語にお
ける顕著な傾向である（→ 2.5 節参照）．

　　不老不死薬（4＋1）　→　フローフシヤク（2＋3）
　　自問自答形式（4＋2）　→　ジモンジトーケーシキ（2＋4）

これは，複合語アクセント一般においても，「（A＋B）＋C」の語構成の複合
語が，「A＋（B＋C）」のアクセントになりやすいのと軌を一にする現象である．

　　安土桃山時代　→　アヅチモモヤマジダイ（安土＋桃山時代）

　しかし，このようなアクセント単位のずれによって，語構成が誤認されるわ
けではないという点で，故事成語「五里霧中」「言語道断」の場合（→ 3.4 節参
照）とは大きく異なっている．「五里霧中」「言語道断」の場合は，本来の語構
成が「3＋1」であるにもかかわらず，アクセントが「2＋2」の型をとり，話者
の語感においても，「2＋2」の構造の四字漢語であるからである．

3.6　略　　　　　語

　語が長くなれば，それを短く略して，発音・表記の労力や時間を節約しよう
とするのは，世界中のあらゆる言語にみられることである．日本語の場合も，
和語・漢語ともに略語の例は多い．元の語形を知らなければ，本来の意味を正
確には理解できないというのが略語の常であるが，NHK ← 日本放送協会，
CD-ROM ← compact disc read only memory などのようなアルファベット系
の略語に比べれば，漢語の略語はまだ元の意味を想像しやすいといえる．

　以下，三字漢語 ABC，四字漢語 ABCD のどの部分を残して略すかによって
整理してみよう．

【三字漢語 ABC の略語】

① AB

　　中学（中学校）　　塾講（塾講師）　　女給（女給仕）

　電話（電話機）　　決勝（決勝戦）

② AC

　警官（警察官）　　学祭（学園祭）　　安牌（安全牌）　　参院（参議院）

③ BC

　本酒（日本酒）　　務所（刑務所）　　力車（人力車）　　弥陀（阿弥陀）
　<ruby>ポン</ruby>

　三字漢語の構成は，「1＋1＋1」「2＋1」「1＋2」の3通りがある．「1＋1＋1」の構造の三字漢語から略語が作られることは原則としてないが，「しばしば・頻繁に・いつも」の意の俗語「しょっちゅう」は，「初中後」が下略された「初中」に由来するので，珍しい例である．「1＋2」の構造の三字漢語から① AB型が，「2＋1」の構造の三字漢語から② AC 型が作られるのが，語構成の側からは期待され，実際その例が多い．上記の例の中では，「電話」「決勝」が，「2＋1」の構造の三字漢語から① AB 型の略語が作られたもので，期待に合わないが，これらは略語というよりも，換喩（メトニミー）[注1]に基づいた意味拡張表現の一種とみるべきかもしれない．

【四字漢語 ABCD の略語】

① AB

　無線（無線電信）　携帯（携帯電話）　仮設（仮設住宅）　活動（活動写真）

② AC

　国連（国際連合）　原爆（原子爆弾）　外資（外国資本）　土建（土木建設）

　私鉄（私営鉄道）　通販（通信販売）　生保（生命保険）　信金（信用金庫）

　漫喫（漫画喫茶）　日舞（日本舞踊）　就活（就職活動）　駐禁（駐車禁止）

③ AD

　高校（高等学校）　運送（運搬輸送）　学徒（学生生徒）　吹部（吹奏楽部）

④ BC

　婚活（結婚活動）　震災（地震災害）　般教（一般教養）　空母（航空母艦）

⑤ BD

　閣議（内閣会議）　営団（経営財団）　韓国（大韓民国）

(注1)　換喩とは，概念の隣接性によって語句の意味を拡張して用いる比喩，または，それに基づいた意味変化の類型．「白バイ」が，それに乗っている警察の白バイ隊員を意味したり，「のれん分け」の「のれん」が，店舗・企業の商号だけでなく，顧客・仕入れ先・ノウハウなどをも含意していることなど．

⑥ CD

　真宗（浄土真宗）

⑦ ABC

　地下鉄（地下鉄道）　　意味深（意味深長）

　四字漢語は「AB＋CD（2＋2）」の構造をなしているものが大半を占めており，それらから作られる略語も，②の AC 型が圧倒的に多い.

　略語一般において，労働組合（ロウドウくみあい）→労組（ロウソ），大阪大学（おおさかダイガク）→阪大（ハンダイ），早稲田大学（わせだダイガク）→早大（ソウダイ），名古屋大学（なごやダイガク）→名大（メイダイ）などのように，もとは訓読みであった部分を，略語においては音読みをし，結果として字音語の略語になっているケースもある. 複数の地名を総括する略語においては特に顕著で，「東京（トウキョウ）・横浜（よこはま）」の略（⑤ BD 型）である「京浜（ケイヒン）」の場合は，「浜」が訓読みから音読みに変わっているだけではなく，「京」の音も呉音から漢音に変化している.「京都（キョウト）・大阪（おおさか）・神戸（こうべ）」の略である「京阪神（ケイハンシン）」も，漢字のとり方，読み方双方において，かなり複雑な形成のされ方をしている.「上信越（ジョウシンエツ）」の場合は，「上野（かみつけ）・上州（ジョウシュウ）」「信濃（しなの）・信州（シンシュウ）」「越後（エチゴ）・越州（エッシュウ）」と，もともと音読みの略称が普及しており，それらを組み合わせたものかもしれない.

演　習 ────────────────────────────

　課題3.9　五字以上の漢語の略語についても整理してみよう.

　課題3.10　ABC → BC の略語が，俗語的・隠語的なニュアンスを帯びるのはなぜか考えてみよう.

文法形態からみた漢語

4.1 漢 語 名 詞

　日本語の中に「語」として取り込まれた漢語は，固有の語種である和語とともに，日本語の「文」を構成する素材となる．出自が中国語であっても，日本語として文をつくる以上は，日本語の文法（和語の文法）にしたがうことが求められ，日本語としての文法的役割（一義的には品詞をイメージするとよい）を担わなければならない．ところが，漢語はそのままの形では日本語の文の中で果たせる文法的役割が限られ，どのような品詞としても使えるというわけではない．事実として，漢語の大部分は名詞として用いられている．後述するが，平安時代の仮名文学作品および明治時代の雑誌という，時代もジャンルも異なる言語資料をもとに，漢語の使用実態を調査したところ，両者ともに約80％が名詞であった（4.7節参照）．

　漢語がおもに名詞として使われ，他の品詞としては使われにくいのは，端的に言ってしまえば日本語（和語）の文法と，漢語（中国語）の文法が違うからである．

　漢語（中国語）では，語の音形態と品詞との関係が緩やかであり，たとえば「愛」という一つの語をとると，中国語としては，名詞としても用いられるし，"愛する"にあたるような動詞としても用いられる．これに対し，日本語としての「愛」は，この形式のままでは名詞としてしか使用できず，動詞として使用する場合には漢語そのものの単独使用ではなく，「-する」の付加が必要になってくる．これは，日本語では，動詞，形容詞といった品詞ごとに，「それらしい形」が決まっているからである．たとえば"ナントカ"という語があった

として,「ナントカる」というように「-る」(あるいは,もう少し広げて,ウ段)で終わる音形態になれば動詞らしい,「ナントカしい」というように「-い」で終わる音形態になれば形容詞らしい,とわれわれは予想する.このように,日本語では特定の音形態であることと,動詞や形容詞といった特定の品詞であることが連動するため,漢語の音形態そのままでは動詞や形容詞としての形式を備えることができない.さらにまた,日本語においては動詞・形容詞といった品詞は活用語であり,以下に示すように語形変化する.

【語形変化（活用）する和語（動詞・形容詞）】

歩く ─────▶ 歩か ない　歩い て　歩け ば

強い ─────▶ 強く ない　強く て　強けれ ば

対して,漢語そのものは語形変化せず,活用を備えていないため,そのままの形式では日本語の動詞・形容詞といった活用語として文内で使用することができない.

【語形変化しない漢語】

歩行 ──×─▶ 歩行ない　歩行て　歩行ば

強力 ──×─▶ 強力ない　強力て　強力ば

中国語では動詞や形容詞であっても,日本語の活用にあたるような語形変化はなく,また,活用以前に動詞や形容詞に特徴的な音形態をとるということもないため,一つの語が動詞としても名詞としても使用できるという幅をもっている.これに対し日本語では,動詞・形容詞は特有の音形態および語形変化をもたねばならない,という「形」の制約があるため,日本語としての形式とは独立に成立している漢語は,そのままでは動詞・形容詞としての機能を果たすことができないのである.しかし日本語においても,主要な品詞の中で名詞なら「名詞らしい音形態」というものがあるわけでもなく,活用ももたない.そのため,和語以外の,「外からの」借用語であっても,名詞として取り込むことには制限がかからない.このため,平安期から現代にいたるまで,漢語を含む借用語の多くは文法上,名詞として定着している.

このような事情で,多くは名詞として日本語の中にその居場所を見出した漢語ではあるが,名詞以外に,動詞や形容詞として使いたいという要請も当然もちあがってくる.その際は,日本語の動詞・形容詞としての「形」を備えるな

どして，和語・漢語間の文法の溝を埋めていかねばならなくなる．われわれは漢語と長く付き合っていくなかで，さまざまな方法でその溝を実際に埋め，漢語の文法的位置を広げてきた．以下，漢語がどのような手段で名詞以外の用法を得るのかを品詞ごとに概観する．

演　習

　　課題 4.1　漢語をいくつか自由に思い浮かべ，それらの品詞は何か，考えてみよう．
★**課題 4.2**　本書の中から無作為に 1 ページを選び，そのページの本文に含まれる漢語のうち，何割が名詞なのか算出してみよう．

4.2　漢　語　動　詞

　上でみたとおり，漢語は名詞としてであれば，日本語の中でもそのまま使用可能であるが，それ以外の文法的位置に立つ場合には，日本語として要求される「形」との折り合いをつけねばならない．特に動詞や形容詞といった活用語としての用法に対応するためには，和語同様の活用語尾をなんらかに備えない限り，日本語の文法体系に入り込むことができない．まずここでは，活用語化の一つとして，漢語が動詞としての形を得るための種々をみよう．

（A）動詞「する」を付加

　漢語を動詞化するにあたって最も一般的な方法は，サ変動詞「する」を付加することで，全体をサ変動詞化する方法である．漢語のあとのサ変動詞がそのまま動詞としての活用・機能を請け負うことで，漢語を自由に動詞化することが可能となる．

■漢語サ変動詞の例

　　愛する　　努力する　　解釈する　　勉強する　　検討する　　巨大化する
　　七転八倒する

　日本語において動詞は，「食べる」のようにヲ格をとる（「犬が餌を食べる」）ものは他動詞，「眠る」のようにヲ格をとらない（「犬が眠る」）ものは自動詞，というように自他の区別がされる．漢語を動詞化するサ変動詞「する」自体は

一般には他動詞とされるが，漢語に下接して漢語動詞を構成した場合は，漢語それぞれの意味・使われ方によって自動詞となる場合，他動詞となる場合に分けられる．

■漢語自動詞

　窮する　　経過する　　誕生する　　低下する

■漢語他動詞

　察する　　解釈する　　発送する　　記憶する

また，場合によっては自動詞・他動詞両用の漢語動詞も存在する．

■自他両用の漢語動詞

　解決する（事件が<u>解決する</u>【自動詞】／山田さんが事件を<u>解決する</u>【他動詞】）

　点灯する　　拡大する　　開店／閉店する

(B) 動詞活用語尾を付加

　動詞「する」を付加する方法のように生産性は高くないが，「−る」「−む」など，動詞の活用語尾そのものを漢語に直接付加して動詞化する場合も，まれにみられる．多くは口語的・臨時的な印象を与える造語法であるが，近年においても「告白」の「告」から「告る」，「事故」から「事故る」など，この形式での漢語動詞化がある程度みられる．このような事例は近年の若者言葉のように思われがちだが，明治期以前にもみられる造語法で，たとえば近代文学の中には「退治る」という今はみられない漢語動詞が現れることが知られている．

■近代における「退治る」の実例

　　トチメンボーの亡魂を<u>退治ら</u>れたところで…（夏目漱石『吾輩は猫である』）

　　奴を<u>退治る</u>材料になると考えた（尾崎紅葉『金色夜叉』）

■活用語尾「−る」の付加によって動詞化する例

　愚痴る　　退治る　　皮肉る　　牛耳る　　湿気る

■活用語尾「−む」の付加によって動詞化する例

　力む　　目論む

(C) 漢語の語末音を活用させて動詞化

　さらにまれな例ではあるが，漢語の語末音そのものを，動詞同様に活用させて動詞化する，という方法も見られる．前述のとおり，日本語の動詞には活用

があり，終止形がウ段で終わる，連用形の多くがイ段で終わる^(注1)，といった音
形態上の特徴をもっているため，漢語そのままでは動詞としての使用に馴染ま
ない．ただし，漢語の語末音が和語動詞の語末音の特徴とたまたま一致してい
る場合，その共通性を足場に漢語そのものの音形態を「活用」させてしまうケー
スがある．

　まず，漢語名詞の語末音がウ段の場合，動詞終止形の語末音としても認めら
れる音であるため，その漢語の音形態を終止形とした活用語化がなされる場合
がある．たとえば平安期の仮名文学作品には，「装束を着る」という意味の動
詞として「そうぞく」という語があるが，これは漢語名詞「装束」（そうぞ
く^(注2)）がそのまま活用語化・動詞化したものである．名詞「装束」は，語末音
が「-く」とウ段の音であり，「聞<u>く</u>」「行<u>く</u>」など，動詞終止形の語末音とし
ても不自然でない音形態となっている．そこで，本来名詞であった「そうぞ<u>く</u>」
を動詞終止形とみなし，未然形「そうぞ<u>か</u>（-ず）」，連用形「そうぞ<u>き</u>（-けり）」，
已然形「そうぞ<u>け</u>（-ば）」といった活用形を創出したと考えられている．同様
の例に，中世にみられる「問答」の動詞化「もんどう」などがあげられる．

■ウ段語末音を終止形として動詞化する例
　　漢語名詞　装束（そうぞ\boxed{く}）　──▶　動詞「そうぞく」（終止形）
　　漢語名詞　問答（もんど\boxed{う}）　──▶　動詞「もんどう」（終止形）
■動詞「装束（そうぞ）く」「問答（もんど）う」の実例
　　いときよげにうち<u>装束</u>きて出でたまふを，…（『源氏物語』葵）
　　とかくあのやうな者と<u>もんだう</u>ていらぬ，…（虎明本狂言『柿山伏』）

　このような形での動詞化は極めてまれであり，「そうぞく」「もんどう」とも
に現代には残っていないが，造語法の発想自体は現代にも受け継がれている．
近年，俗語では「大丈夫」の否定として「だいじょばない」という言い方がみ
られるが，これも「だいじょ<u>ぶ</u>」を終止形とした未然形「だいじょ<u>ば</u>」という
活用化とみることができ，「そうぞく」「もんどう」と同方式の漢語動詞化とい

─────────────────────

(注1)　現代語においては下一段活用，古典語においては下一，二段活用を除く．これらの連
　　　用形はエ段となる．
(注2)　古典語としての「装束」の歴史的仮名遣いは「<u>さ</u>うぞく」であるが，簡略化のため
　　　現代仮名遣いにあわせ，「<u>そ</u>うぞく」と表記する．以下の記述に関しても同様，古典語の
　　　仮名遣いは現代仮名遣いに統一した．

える.

このようにまれながらみられる活用化の別パターンとして，語末音がイ段の
場合にも，漢語の活用化が起こりうる．ここで理解のためにいったん漢語を離
れ，動詞一般の連用形の音形態と機能を考えよう．動詞連用形は，音形態の面
ではイ段で終わるものが多く，機能面では動詞を名詞化する働きがある（連用
形転成名詞）.

■連用形からの名詞転成

動詞		連用形転成名詞
光る：ひかる（終止） → ひかり（連用）-ます	⟶	ひか<u>り</u>
笑う：わらう（終止） → わらい（連用）-ます	⟶	わら<u>い</u>

もともと名詞でしかなかった漢語でも，語末音がイ段で終わるものは，外形
上それを動詞連用形転成名詞と見なし，本来存在しない「もとの動詞」の形を
想定することができてしまう．たとえば近世以降，「料理」の動詞化した「り
ょうる」という語がみられるが，これは和語の連用形転成名詞「ひか<u>り</u>」を，
元になった動詞「ひか<u>る</u>」に戻すと同様の類推で，名詞「りょう<u>り</u>」を「元
の動詞」（実は存在しない）の連用形と見立て，「りょう<u>る</u>」という「元の動詞」
が生み出されているのである．このようなパターンも語末音がウ段の場合同様，
多くはないが存在し，たとえば中世には「敵対（てきたい）」から成立した「て
きたう」という漢語動詞がみられる.

■動詞「料（りょう）る」「敵対（てきた）う」の実例

鰹一匹満足に<u>料れ</u>そうもない　（林　不忘『早耳三次捕物聞書』）

平家に<u>てきたは</u>れたによって，すでに誅せられうずるに定まったを…（『天草版
平家物語』）

■イ段語末音を連用形として動詞化する例

漢語名詞	動詞連用形として認識（誤解）	動詞終止形創出
料理（りょうり）===	りょうり（連用）-ます ⟶	りょうる
敵対（てきたい）===	てきたい（連用）-ます ⟶	てきたう

演　習

課題 **4.3**　自動詞・他動詞両用に使える漢語動詞を探してみよう.

★**課題 4.4**　塗装やワックスを<u>剥離（はくり）</u>する際，ある種の業界用語として，「は
　　くる」という動詞が使われることがある．この動詞はどのような発想から生ま
　　れたのか考えてみよう．

4.3　漢語形容詞・漢語形容動詞

　現代においては多種多様な漢語動詞をみることができるが，同じ活用語化と
いっても，漢語形容詞はさほど多くない．前節でみたように，漢語の動詞化を
量的に支えているのは（**A**）のサ変動詞「する」を付加する方式であった．活
用語尾や接辞ではなく，独立性の高い「語」を付加する形式であるということ，
また「する」自体には動詞的意味そのものという高度に抽象的な意味しかもた
ないということが生産性の高さにつながっているといえよう．これに対し形容
詞の場合，（**A**）方式の動詞「する」に対応するような，「形容詞的意味しかも
たない，形式的な形容詞」というものが存在せず，動詞の（**A**）タイプに相当
する方式が存在しない．また，動詞（**C**）タイプに相当するような，漢語名詞
の語末音を活用させて形容詞化したものも，見当たらないようである．
　漢語を形容詞化する方式としてあげられるのは，形容詞活用語尾「-しい」(「-
い」) を付加するという方式であり，動詞の場合における（**B**）タイプに対応
する方式である．現代語の形容詞は，古典語でのシク活用，ク活用の違いから，
「-しい」で終わるもの（美<u>しい</u>，悲<u>しい</u>，わずらわ<u>しい</u>等：シク活用由来）と，
「し」を含まず「-い」で終わるもの（強<u>い</u>，広<u>い</u>，明る<u>い</u>等：ク活用由来）と
がある．漢語の形容詞化にあたってはシク活用系の「-しい」の方が一般的で，
その多くは特に一字漢語の繰り返しで構成される．

■活用語尾「-しい」で形容詞化する例

　【一字漢語の繰り返し】　騒々しい　　毒々しい　　凛々しい

　【一字漢語の繰り返しでないもの】　鬱陶しい

　ク活用系の形容詞化の例としては「四角い」や古典語における「執念」の形
容詞化「しゅうねし」などがあげられるが，一字漢語の繰り返しから作られる
シク活用系と比べると，数の面ではより少ない．

■形容詞「執念（しゅうね）し」の実例

　　例の**執念き**御物の怪一つさらに動かず，…（『源氏物語』葵）

　それでもこの造語法自体は現代にも生きており，近年の口語では「面倒^(注3)」

の形容詞化として「面倒（めんど）い」という言い方がみられるが，これはク

活用系に位置づけられる．また，「無理からぬ」という言い方があるが，ク活

用形容詞化の一種とみてよかろう．「無理（むり）い」という終止形形態は見

当たらないが，形容詞未然形「-から」が，部分的に成立していると位置づけ

ることができる．

　以上が漢語形容詞化のおもな方式であるが，漢語に活用語尾を付加する方式

は動詞化における（B）タイプに対応する．しかしこれはそれほど生産的な方

式ではなく，結果，漢語の形容詞化はあまりみられない．だが，漢語を形容詞

的に使いたい，という要請は決して低くはないはずである．ではそのような場

合，生産性の高い形容詞化の方式をもたない漢語はいかにしてその要請に応え

るのか．それが形容動詞である．

　漢語を形容詞的に用いたい，という場合，現代語では漢語に指定辞「だ」を

付加することで形容動詞化する，という方法が一般的である．漢語形容動詞は，

それこそ漢語サ変動詞同様，無数といえるまでに存在する．

　■漢語形容動詞の例

　　困難だ　　不快だ　　容易だ　　立派だ　　優秀だ　　残念だ　　温厚だ

　なお，古典語では，形容動詞化の指定辞には「なり」「たり」の2種類があ

り（いわゆる「ナリ活用」と「タリ活用」），一般に「なり」は和語・和文体，「た

り」は漢語・漢文体というすみ分けがみられ，古典語においては漢語形容動詞

は「〜たり」という形になる^(注4)．

　■和語・ナリ活用形容動詞の例

　　しずかなり　　きよらなり　　おこなり　　あてなり

（注3）　現代では漢語と認識されているが，この語の成立に関しては 2.4.1 項参照．

（注4）　ここでは「古典語」としておおまかにまとめたが，指定辞「たり」は「なり」に比

　　べると新しい助動詞であり，平安初期の時点では古典語でタリ活用の形容動詞もナリ活用

　　で訓読されている．

表 **4.1** 漢語を活用語化する形式

	動詞としての用途	形容詞としての用途	
	動詞化	形容詞化	形容動詞化
(A) 独立した語を付加 【生産性高】	「～する」 愛する，努力する など多数	×	「～だ」 立派だ，迷惑だ など多数
(B) 活用語尾を付加 【生産性低】	「-る」「-む」 愚痴る，力む など少数	「-しい」「-い」 毒々しい，四角い など少数	×
(C) 語末音を活用 【生産性低】	ウ／イ段語末音の 活用 そうぞく，りょうる など少数	×	×

■漢語・タリ活用形容動詞の例

　堂々たり　　泰然たり　　蕭然たり　　洋々たり

　ただし，和語・和文を原則とするナリ活用の形容動詞にも，漢語（多くは一字漢語）をもとにした漢語形容動詞も散見される．これらはある面で，漢語としての区別意識が薄れ，和文の中に取り込まれていった事例の一つとみることができる（4.7 節参照）．

■漢語・ナリ活用形容動詞の例

　艶（えん）なり　　優（ゆう）なり

　「だ」（「なり」「たり」）は，一般に断定の助動詞として扱われることからもわかるように，独立した「語」として認識されており，漢語に動詞「する」を付加して動詞化する方式と同様，生産性が高い．語形態や活用体系といった外形の面で品詞を分けるならば，形容動詞は形容詞とは別品詞ということになるが，文における機能面では形容詞と相違ない．外形としての品詞でなく，用途として「形容詞」を捉えるならば，漢語を形容詞として使いたい，という要請に対して，生産性の高い形式として「だ」付加による形容動詞化と，生産性の低い稀な事例として「-しい」「-い」といった活用語尾付加による形容詞化があり，両者が総体として，漢語を動詞化する際の方式と対応しているとみることができよう．

　以上，4.2 節で俯瞰した漢語の動詞化（**A**）～（**C**）に対応させる形で漢語の形容詞・形容動詞化をまとめると表 4.1 のようになる．

演 習 ―――――――――――――――――――――――――――――

　　課題 4.5　漢語の形容動詞にどのようなものがあるか，探してみよう.
★**課題 4.6**　「面倒（めんど）い」のように，活用語尾を付加したタイプの漢語形容
　　詞を探してみよう.

4.4　漢語副詞・漢語オノマトペ

　日本語において「副詞」とされるものの内容は雑多であり，その多くは，本来別の品詞であったものが，後に副詞としての用法を獲得したものがほとんどである. 和語においても，名詞由来のもの（「今日（きょう）」など），形容詞由来のもの（「まったく」：形容詞「まったし」連用形），連語が副詞化したもの（「と／に／かく」），オノマトペ（「きらきら」）など，さまざまな副詞がみられる. 副詞化の形式の面では，（ア）もとの形そのまま（「今日（きょう）」），（イ）「-に」「-と」といったいわゆる副詞語尾を付加する（「メタメタに」「しっかりと」），という2種類が，主要なものとしてあげられる.

　漢語を副詞化するにあたっても，和語同様，おもだった形式としては（ア）（イ）の2種類がみられる. 多くは同じ副詞が（ア）（イ）両様の形式で用いられるが，なかには語尾をつけることのできない（ア）のみのもの，語尾ありでしか使われない（イ）のみのものもある.

【副詞化の二種類】

（ア）　もとの形そのまま

（イ）　「-に」「-と」などの副詞語尾付加

① （ア）（イ）どちらにも対応しているもの

　　悠々：　（ア）悠々暮らしている　　（イ）悠々と歩いて行った

　　特別：　（ア）特別気にしていない　　（イ）特別に用意した

② （ア）のみ

　　全然　　再三　　先刻　　無論

③ （イ）のみ

　　唐突に　　完全に　　呆然と　　漫然と

副詞には「きらきら」「さらさら」など，いわゆるオノマトペも含まれるが，漢語由来のオノマトペも存在する．たとえば「滾滾（こんこん）」は水が湧き出るさまを表す漢語オノマトペである．多くは一字漢語の繰り返しだが，なかには「齷齪（あくせく）」や「丁々発止（ちょうちょうはっし）」など，一字漢語でなく，オノマトペであることも意識されなくなって日本語の中に定着している漢語オノマトペ由来の副詞も存在する．

■漢語オノマトペの例

滾滾（こんこん）：水が湧き出る音

滔々（とうとう）：水が流れる音

（和気-）藹々（あいあい）：多くて盛んな様子

丁々発止（ちょうちょうはっし）　丁々：打ち続ける音／発止：硬いものが当たる音

齷齪（あくせく）　齷：こまごましている様子／齪：歯がかちかち鳴る音

以上，4.1 節から 4.4 節までの各節で，「語」として取り込まれた漢語が，「文」として，すなわち日本語の文法体系の中でどのように使用されるかを，語の文法役割＝品詞ごとに概観した．漢語は本来活用をもたず，日本語の活用語が備えるべき形式を持ち合わせていない．そのような事情もあって，漢語は基本的に名詞として日本語の中に位置づけられるが，名詞以外の役割を果たす場合には，和語の文法にのっとって語や接辞を付加し，各品詞の形式を整えていくのであった．事実においては，漢語はさまざまな文法的役割を実現するにいたっているが，それらはすべて「漢語名詞＋α」という形式に一般化でき，これまでみてきたことを引いた目で総括するならば，結局のところ「漢語は基本的に名詞である」とまとめることができる．

さらに，ここまで漢語が名詞以外の文法的役割を実現するさまざまな方式を概観したが，実はこれは漢語に限らず，日本語一般において，名詞を活用語化する方式であり，ここまでみてきた方式は，語種を問わず，和語や外来語にも同様に適用される．

■漢語以外・日本語一般における名詞を活用語化する方式

●「する」を付加して動詞化

【和語】お休み-する　　【外来語】フリーズ-する

- 活用語尾等を付加して動詞化
  【和語】カモる　　　　　　　　【外来語】メモる
- 活用語尾等を付加して形容詞化
  【和語】よそよそしい　　　　　【外来語】エロい
- 「だ」を付加して形容動詞化
  【和語】がっかりだ　　　　　　【外来語】ネガティブだ

　つまり，漢語が文法役割を担うにあたって，漢語のために専用の方式が存在するということではないのである．「する」や「だ」などの付加は，もともと日本語において名詞から生産的に活用語を作る方式として定着していたのであり，日本語の中に漢語が入ってきたときにその既存の方式がここにも適用されたにすぎない．漢語は日本語においてはまず名詞なのであり，その先は「漢語」という語種に特有のことはなく，名詞を名詞以外の語にする一般的な方式にしたがうのみ，と一般化することができる．

演　習

　課題4.7　日本語の中に入り込んでいる漢語オノマトペを探してみよう．
★課題4.8　本節最後にみた活用語化の方式を，和語や外来語に適用している事例を探してみよう．

4.5　漢語の語順と造語法

　前節までは，漢語名詞の別品詞への転成を取りあげ，もともと名詞としてしか居場所のなかった漢語が，日本語の中でさまざまな文法的役割を担うための方式をみた．語彙としては日本語の中にもはや当たり前すぎる存在にまで定着した漢語であるが，すでに日本語内に確立していた語や接辞の付加という方法によって日本語の既存の品詞の枠にきれいにおさまったのであり，日本語の文法という観点からみれば，日本語の品詞体系ひいては文法体系には，漢語を取り込んだことによる特別な影響はなかったといえる．つまり，漢語の流入とはあくまで単に語彙の流入であり，文法レベルのものではなかったということである．

　では，漢語の流入によって文法の面で日本語にはまったく何の変化もなかったのかというと，そう言いきってしまうのもまた早計である．前節までに扱ったのは，すでに成立している漢語が文の中でどのような文法役割を担うかであり，文を構成することをゴールとする，文の文法のレベルの話であった．その範囲では漢語は名詞を出発点として動詞・形容詞などの活用語や副詞へと，自らの文法役割を拡張していったものの，それは既存の日本語の文法体系に合わせるだけであり，漢語の独自性というものは特にみられなかったといえる．本節からは視点を転じて，語（名詞）を構成することをゴールとする，語の文法に焦点を当てる．すなわち，漢語が漢語として成立する際，語や接辞といった構成要素を複合してより大きな漢語（名詞）を作るという，語構成のレベルにおける文法である．つまり，前節まではできあがった漢語が文の中でいかに使われているのかを考えたが，本節および次節では漢語そのものがどうやってできあがるのかをみることになる．といっても，漢語というのは基本的に外国語であり，そこでの造語法は当然日本語の範疇とはいいがたい．しかし，出来合いの漢語に触れた日本人は，ただその結果だけを受け入れるのではなく，その内部構造や造語法を吸収し，それらの形式・法則に合わせて新たに和製漢語や，漢語を含む混種語を生み出しもした（第1章参照）．これらに関しては中国語の造語法をベースにしながらも，「日本語として」新語が造語されているのであって，このような観点からは，語構成のレベルで，漢語が新しい文法を日本語に持ち込んだとみることができる．新たな漢語を生み出したとしても，前節まででみたとおり，それは品詞としてはまずは名詞としての資格となる．よって本節および次節で扱うのは，その名詞成立の過程であるが，そのなかでも，和語の造語法にはみられず，漢語独自の造語法といえる部分をみていく．最初に取りあげるのは造語における語順である．

　まず日本語と中国語の文における語順の違いを確認しておこう．基本語順において，日本語はSOV言語，中国語はSVO言語であり，文の中での動詞とそれに対する目的語の並び順が日本語と中国語では逆になる．

■目的語を含む日本語・中国語の語順（文）

〈中国語〉　　　子游　　　　　　　問　　　　　孝.　　　（『論語』為政）
　　　　　　　　　［主語］　　　　　［述語］　　　　［目的語］

〈日本語〉　　　子游（人名），　　孝を　　　　　問う.
　　　　　　　　　［主語］　　　　　［目的語］　　　　［述語］

　これは文のみならず，このような意味関係を保持して複合名詞となった名詞の内部の語順においても反映されている．漢字は1字1字が文字単位で意味をもっており，2字以上の漢語の場合，その意味関係にはさまざまな類型がありうる（第3章参照）．その中で，特にその語の並びが「目的語―動詞」というように文的に捉えられる場合，日本語・中国語間の構文的な語順の違いを引き継いで，和語と漢語で名詞内部の「語順」が逆になる．

■目的語相当の意味を含む日本語・中国語の語順（名詞）

　　　　　　　　　〈和語名詞〉　　　　　　　　〈漢語名詞〉
酒を飲む：　　　酒飲み（さけ―のみ）　　　飲酒
山に登る：　　　山登り（やま―のぼり）　　　登山

　漢語の流入において，このように語構成の面で本来の和語の語順とは異なる形式の名詞が日本語の中に入り込んできたことになるが，漢語名詞はこのような語順でできあがっている，ということを経験したわれわれは，独自に漢語を造語する際，つまり和製漢語を作る際にも，この漢語の文法を経験的に参考とし，和語本来の語順とは異なる形で名詞と動詞を結合させている．以下は和製漢語とされるもののうち，目的語と動詞という関係が認められる語構成になっている例であるが，いずれも漢語の文法にしたがい「動詞―目的語」に相当する語順で構成されていることがわかる．

■［動詞―目的語］の語順をとる和製漢語

　　改札　　過度　　行政　　作戦　　司会　　施工　　失恋　　製紙　　製糸
　　営業　　出世　　立案

　たとえば「改札」は和語の語順であれば「ふだ―あらため」，「製糸」は「いと―づくり」など，「目的語―動詞」となるはずのところを，漢語を造語する以上は漢語の文法にしたがい，「動詞―目的語」という語順で造語されているのである．

　漢語の中には上で示したように和製漢語も多くみられるが，それらを造語す

るにあたっては，漢語の文法にしたがっているのが一般的であり，このような名詞の造語法において，日本語はそれまでとは異なる方式を得たとみなすことができる．ただし，和製漢語のなかには和語としての語順のまま漢語化され，漢語の文法にしたがっていないものも散見される．たとえば漢語「心配」は「心配り」という和語をそのまま漢語化した和製漢語であるが，「心を配る」のであれば，本来の漢語の語順であれば「配心」となるべきところである．このような例は和製漢語のなかでもそう多くはないが，注意深く漢語を眺めていると一定数見つけることができる．このように，漢語でありながら語構成の面で漢語の文法にしたがっていないものは，その時点で和製漢語であろうと判断することができる．

■和語の語順にしたがった和製漢語

　〈和製漢語〉　　〈和語としての語順〉　　　〈漢語としての語順〉

　心配 ─── 心を配る ←──→ （配心）

　草食 ─── 草を食べる ←──→ （食草）

そのほか，語順という観点からは，上記「動詞―目的語」相当の語構成以外に，否定のしかたにおいても，和語と漢語で違いが現れる．下に示すように，日本語の文としての否定は，否定される語の後，述語末で行われるのに対し，漢語での否定は，否定される語の前に，接頭辞「不-」「非-」などを付加する．

■否定を含む日本語・中国語の語順（文）

　　〈漢語〉　　　〈和語としての語順〉

　不可能 ←──→ 可能でない

　非公開 ←──→ 公開しない

否定においても，このような構文的な差を反映して和語と漢語の語内部の語順にも相違がみられる．文における語順と同様，和語では否定される対象が先，否定が後になるが，漢語ではその逆で否定が先になる．

■否定を含む和語名詞

　恥 知らず　　　底 なし

■否定を含む漢語名詞

　不審　　不可能　　非現実　　未開　　未完成　　無反応

これら否定の意味を表す漢語接頭辞は，従来の日本語にはない語順であった

と同時に，和語や漢語以外の外来語とも多く複合し，非常に生産性の高い造語法として日本語に深く浸透している．次節では接辞として新たに項目を設け，語順の面以外にも焦点を当てることとする．

以上，語順に焦点を当てて漢語に特徴的な造語法をみた．語順の違いは，日本語・中国語それぞれの構文上の特徴を内包しており，新規に漢語を造語する際に，［動詞―目的語］［否定―否定される対象］という中国語式の語順が日本語に入り込んできたという点では，影響があったともいえる．一方でこのような新たな語順が許されるのは基本的に名詞の造語法にとどまり，文そのものの語順においては日本語に影響を与えていないこともまた事実である．名詞の語構成，つまり語レベルという枠の中でのみ，漢語は日本語の文法に新しい幅をもたせたといえる．

演 習

課題 4.9　［動詞―目的語］の語順をとる和製漢語の一覧（p.92）の語を，それぞれ漢文のつもりで読み下し，意味関係を確認してみよう．

★**課題 4.10**　漢語の文法に照らすと語順が不自然な語を探し，それが和製漢語なのか調べてみよう．

4.6　漢語接頭辞・漢語接尾辞

「語」以下の単位，「接辞」として日本語に入り込んだ漢語として，「不-」「非-」「反-」「超-」などの接頭辞，「-的」「-性」「-素」などの接尾辞がそれぞれ多様にあげられるが，接辞は独立した語ではないことをもって，むしろ文法要素としての性格を強くもっており，漢語の文法そのものを日本語に持ち込むことになる．

まず，4.5 節でもみた否定接頭辞だが，否定辞を否定すべき語の前につけるという語順の面が従来の和語の造語にはなかった新しい点である．くわえて，漢語否定辞は極めて生産性が高いという点が特徴的である．日本語において，否定的な意味を含んだ名詞を構成するには，和語としては「-ず」「-なし」と

いった形が存在するが，これらは生産性が高いとはいえず，使用は限られ，どのような語に対しても使えるわけではない．

■和語「-ず」「-なし」による否定名詞

　　○恥知らず　　×物知らず

　　○根性なし　　×力なし

　対する漢語の否定接頭辞は「不-」「非-」「未-」「無-」など種類も多く，さまざまな否定的意味合いをくわえられるうえに，非常に生産性も高い．実際，臨時的造語も可能であって，例えば「和製漢語でない語」という意味で「非和製漢語」という単語を作る，というようなことがいくらでもできる．

　本来日本語では否定の表現は基本的に文・述語レベルでなされるものであり，否定を含む名詞というのは，文レベルでの否定の援用がたまたま定着した場合だけであった．生産性の高い漢語の否定接頭辞に触れることで，それまで不自由であった，否定の意を含む名詞の生産がしやすくなったというのが，日本語にとっての大きな変化とみることができる．漢語接頭辞の付加という新たな方式は，日本語にとって便利であったに違いなく，本来，漢語のための接頭辞であったはずのものが，上接する相手は漢語名詞に限らず，和語でも外来語でも使用されるにいたっている．

■漢語の否定接頭辞による複合語の例

●漢語否定接頭辞＋漢語

　　不審　　不可能　　非常　　非現実　　未開　　未完成　　無視　　無反応

●漢語否定接頭辞＋外来語

　　非ステロイド系　　非ケインズ効果　　反アカデミズム

●漢語否定接頭辞＋和語

　　不入り　　不揃い　　不確か　　不手際　　不届き　　不仲

　　不慣れ　　不似合い

　漢語の接辞には，当然否定の意味をもつもの以外も豊富で，接頭辞・接尾辞それぞれに，さまざまなものがある．

■漢語接頭辞の例

　　被-　　環-　　汎-　　抗-　　脱-　　超-

■漢語接尾辞の例

　-的　　-然　　-性　　-面　　-外　　-内

　これらは生産性も高く，現在でも和語や外来語まで含め，活発に使用され，たとえば「日本語ライブラリー内」など，臨時的な造語も日々生み出されている．漢語接辞による造語法が，日本語にとって新しく，便利であった点としては，和語においては文・述語レベルでしか実現できなかった意味が，「語」のままで実現できるという点があげられよう．和語で否定を含む名詞として「恥知らず」をみたが，これは「恥を知る」という文・述語の否定を介してから全体で名詞化したもの，とイメージされる．これに対し名詞そのものに付加される漢語接辞は，名詞に直接述語的意味を付加することができる．「不-」「非-」などの否定接頭辞は，文・述語を介しての名詞化という和語的な手続きを経ず，直接名詞に付加することができるし，他の接尾辞でも，たとえば「-的」は「～のような」，「-外」は「～から外れる」にあたるような述語的意味を，名詞にそのまま付加する．このような特質が日本語の造語法にとっては画期的であり，それにより漢語接辞は漢語にとどまらず，和語も含めた日本語の語彙の造語に利用されるにいたったといえる．

　このように，漢語接辞は既存の名詞に対し，和語であれば述語を介さねば付与できないような意味までも付与し，新しい語を作る便利な手段として日本語に浸透している．そもそもが文法要素としての性格の色濃い接辞は造語に参加しやすい存在であり，これらが漢語内にとどまらず，日本語の語彙・造語法全般に定着したことに関しては，単に語彙の輸入にとどまらず，漢語の文法が和語に流入した事象とみてもよかろう．

　4.5 節と本節では，名詞内部における漢語独自の文法をみた．それらは語の内部，語を作るまでの文法という条件つきではあるが，いわば漢語の文法が，既存の日本語の文法の領域を拡張しているかのようであり，それはある見方においては，文を作るレベルでは漢語名詞が和語の語尾・接尾辞を付加されてひたすら日本語に同化する一方だったことと，対照をなしているようにもみえる．

　漢語は，事実において大部分が名詞である．実際の文においては名詞以外の文法役割も果たしうるが，それらをも含め，大局的にみるならば漢語そのものは本来名詞であり，名詞をもとに派生・転成させる和語の文法にしたがうこと

で，名詞以外の文法役割を果たしているにすぎないことをまずみた（4.1 節～4.4 節）．このことは一面では，文レベルの文法においては，漢語にはみるべきものがさしてない，ということになるが，見方を変えれば本来別言語であったはずの漢語が，固有の和語と分け隔てなく文法体系に取り込まれている，それほどまでに日本語において漢語が自然なものとして定着していることの実例とみることもできる．

また，4.5 節，4.6 節においては語のレベルにおける漢語特有の造語法を扱った．文のレベルにおいてみたのとは一転して，名詞内部においては漢語由来の文法的特徴が日本語にも流入しているとみることができた．このように，漢語を文法的に眺めるといっても，語を出発点として文を構築するレベルでみるか，語の成立をゴールとする語構成のレベルでみるかで，その意義は変わってくるのである．

演　習

　課題 4.11　前の 1 ページ中の本文に使われている漢語接頭辞・漢語接尾辞を洗い出してみよう．

★課題 4.12　和語や外来語に漢語接頭辞・漢語接尾辞がついている事例を探してみよう．

4.7　文法からみた漢語定着の歴史

　本章では，文法形式という観点から漢語を眺めてきた．4.1 ～ 4.4 節でみたとおり，漢語は，名詞であることを起点として，さまざまな文法的役割を果たしている．そのこと自体，本来別言語であった漢語が，長い歴史を経て日本語の中に着実に定着した証左といえる．ではその「長い歴史の中」では，実際どのようなことが起こっていったのか．各時代を追って，文法面における漢語の定着過程をたどりたい，という関心も当然湧き起こる．だがその問いに答えることは，読者を含めた，今後の研究にまつべき課題である．本章の最後となる本節では，歴史的視点を導入し，漢語の定着のありようを数点，確認するにと

どめる．過去と現在における漢語の定着度合いの比較や，長い歴史の中で本来別言語であったこと自体が忘れられるまでにいたったとみられる形式的変化などの事例をみてみよう．

4.7.1　計量的比較の例—平安期と明治期—

昨今，電子的なテキストデータ（コーパス）の整備が進み，大規模な計量調査が可能になりつつある．ここでは，コーパス利用の漢語調査の一例として，平安期と明治期の漢語の比較を行う．

調査対象となる言語資料として，平安期に関しては国立国語研究所『日本語歴史コーパス　平安時代編』（以下『平安』），明治期に関しては国立国語研究所『明六雑誌コーパス』（以下『明六』）を利用した[注5]．両者とも平安期・明治期の資料の一部という位置づけであり，両時代の漢語の使用状況全般について結論づけることはできないが，電子データを利用しなければ採集困難な，万単位の用例をもっての比較を行った事例である．

【漢語の比率】

近藤（2012）によれば，『明六』での漢語の比率は延べ語数で40.7%，和語55.4%とほぼ拮抗していることが報告されている．これに対し，今回『平安』を対象に同様の調査を行ったところ，漢語は2.8%にとどまり，和語が96.1%を占めていることが明らかになった[注6]．

(注5)　『日本語歴史コーパス　平安時代編』は，平安仮名文学作品14作品（枕草子,竹取物語,落窪物語,源氏物語,堤中納言物語,伊勢物語,大和物語,平中物語,土佐日記,和泉式部日記,紫式部日記,更級日記,讃岐典侍日記,古今和歌集．本文は『小学館新編古典文学全集』による）の全文を収録し総語数は約74万語，『明六雑誌コーパス』は明治初期の学術啓蒙雑誌『明六雑誌』（1874 〜 1875年，明六社刊）の全号・全文を収録しており，著者数は16名，総語数は約18万語である．両コーパスとも形態論情報（単語情報）が付与されており，本文から漢語を抽出する，などの処理が容易に可能である．

(注6)　近藤（2012）では記号類，助詞，助動詞を除いたうえでの集計となっている．また，単語認定は国立国語研究所が採用している言語単位，「短単位」による．今回の『平安』の調査に対しても，同様の集計法をとった．なお本章で扱ってきた漢語サ変動詞は，通常の集計では「混種語」に分類されるため，漢語の語数には含まれない．本章での議論の性質上，漢語の文法的役割を考察するうえで，漢語サ変動詞も「漢語」に含めて議論すべきであるが，図4.1に限っては，近藤（2012）の調査結果と比較できるよう，漢語サ変動詞は漢語ではなく混種語として集計している．続く図4.2では，本章の趣旨に合わせ，「漢語」

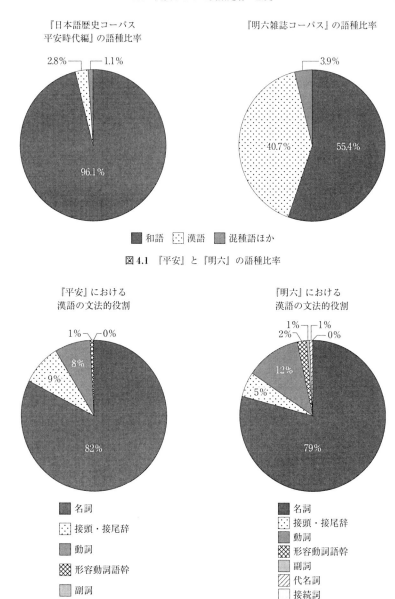

図 4.1　『平安』と『明六』の語種比率

図 4.2　『平安』と『明六』の漢語の文法的役割

の中に漢語サ変動詞を含めた集計となっている.

『平安』で3%ほどであった漢語が，『明六』では全体の約4割を占めるにいたり，時代とともに漢語が一般化し，使用頻度が上がっていったことがわかる．以下では，両者の漢語の使用実態を文法面から観察する．

【漢語の果たす文法役割の比較】

語種全体における比率の面では，『平安』に比して『明六』で飛躍的に増大する漢語であるが，文法役割の面ではどれほどの変化がみられるのか．両者にみられる漢語が，それぞれどのような品詞として使用されているかを示したのが図4.2である[注7]．

図4.2によれば，両者ともに名詞としての使用が約8割を占めており，図4.1の語種比率のような大きな差異はみられない．漢語の使用数自体は増大しても，文法的な使用法自体はさほど変化がないとみることができよう．

時代によらず大部分は名詞という大きな共通性を踏まえたうえで，両者の特徴的な相違をあげるならば，まずは『明六』における品詞のバリエーションの増加があげられよう．『明六』においては，代名詞，接続詞といった『平安』にはみられない文法役割がみられた．

・『明六』での漢語代名詞（全例）

僕　　僕輩　　子　余　予　　小子　　拙者
吾子（ごし）　　吾人（ごじん）　　吾儕（ごせい）
余儕（よせい）　　迂拙（うせつ）

・『明六』での漢語接続詞（全例）

乃至（ないし）

『平安』の和文体に対し，『明六』が漢文体的であることなども考慮せねばならないのは当然ではあるが，「僕」等の代名詞，「〜乃至」といった接続詞の現代での使用状況を鑑みると，時代が経つにつれて文法役割を拡げていった過程であると，素直に見なしてもそう事実から外れまい．

また，動詞としての用法の拡大も見逃せない．『平安』では，名詞としての使用と，動詞としての使用の比率は約10：1であったのに対し，『明六』では

(注7)　図4.1のとおり，『平安』と『明六』では漢語の比率が大きく異なり，『平安』の漢語は比率上少ないが，コーパスとしての総語数の面で『平安』の方が大きいため，『明六』の漢語約4万語に対し，『平安』でも約2万語の漢語を得ることができる．

表4.2 一字漢語サ変動詞と二字漢語サ変動詞の異なり語数（種類数）比較

	漢語字数	例	異なり語数 （種類数）
『平安』	1字	奏す 念ず 具す 届ず 拝す 害す 称す…	56 種
	2字	供養す 懸想す 出家す 対面す…	76 種
『明六』	1字	属する 論ずる 処する 応ずる 記する…	279 種
	2字	輩出する 吐露する 改正する 一致する…	1462 種

表4.3 『平安』『明六』ともにみられる漢語サ変動詞一覧（全例）

愛す	按ず	案ず	害す	感ず	具す	届す	講ず	参ず	辞す
称す	信ず	制す	奏す	同ず	拝す	秘す	服す	要ず	領ず
類す	弄ず	論ず	和す	誦す					

約6：1にまで縮まっている．

　さらに動詞としての使用に関しては，全体の数だけでなく，個別の事例をみていっても特徴を見出すことができる．漢語サ変動詞における漢語の文字数に注目した集計を表4.2に示す．これをみると，特に二字漢語サ変動詞の増え幅が大きいことがわかる．『平安』における一字漢語サ変動詞と二字漢語サ変動詞の比はおよそ3：4とほぼ拮抗しているが，これが『明六』では1：5に広がっている．

　また，『平安』『明六』両方に出現する漢語サ変動詞を調査した結果が表4.3である．

　これをみると，すべてが「一字漢語＋サ変動詞」の構成をもっていることがわかる．古くから使われ続け，基本語彙としての位置を占めるにいたっている漢語サ変動詞は一字漢語によるものが一般的だと考えることができる．

4.7.2 漢語サ変動詞の定着と形式の変化

　上でみたとおり，一字漢語をもとにしたサ変動詞には，古くから使用され続け，そのぶん日本語の中に基本語彙として定着しているものが多くみられる．日本語の中に定着するということは，「よそ者」であったことが忘れられ，本来の和語との区別意識が薄れるということであり，それが文法面にも観察できる場合がある．その一つとして，ここでは漢語サ変動詞の文法的変化を取りあ

表 4.4　サ変動詞の活用

古典語	未然形 (−ず)	連用形 (−けり)	終止形 (−。)	連体形 (−時)	已然形 (−ども)
	せ	し	す	する	すれ
現代語	し	し	する	する	すれ
	未然形 (−ない)	連用形 (−ます)	終止形 (−。)	連体形 (−時)	仮定形 (−ば)

げる.

　まず，漢語サ変動詞からの，漢語の分離の可否を取りあげる．漢語サ変動詞の本来の語構成は基本的に「漢語（を）する」という意味関係にあり，漢語と「する」の間には"切れ目"が意識される．実際に二字漢語サ変動詞の多くは，漢語と「する」の間に「を」を挿入し，漢語を切り離すことができる．

　　努力する　　努力<u>を</u>する
　　検討する　　検討<u>を</u>する

　一方で，一字漢語の多くは，漢語と「する」の間に「を」を挿入すると不自然になる．

　　愛する…　??愛<u>を</u>する
　　屈する…　??屈<u>を</u>する

　これは，漢語名詞に動詞「する」を付加したという複合的な形式であった漢語サ変動詞が，全体で一つの語として認識されていることの表れといえる．ここでの「する」は，単独の動詞というよりは，もはや活用語尾のようなものと認識されるにいたったと位置づけることができよう．

　このように本来の語構成が忘れられ，全体で一語と認識されるような意識の変化は，活用の面においても観察される．

　表 4.4 は本来のサ変動詞の活用であるが，現代ではサ変としての活用とは異なる活用に変質している漢語サ変動詞も数多く見受けられる．「信じる」「感じる」等は，本来一字漢語「信」「感」にサ変動詞「す」を付加した漢語動詞「信ず」「感ず」の現代語形であるが，活用体系上，本来のサ変動詞とは異なる振る舞いをみせる．これらはそもそも終止形において「信<u>じる</u>」「感<u>じる</u>」のように「−じる」という形式と，「信<u>ずる</u>」「感<u>ずる</u>」のように「−ずる」といった

表 4.5 「信ずる」「信じる」などの活用

	未然形	連用形	終止形	連体形	已然形 (仮定形)
現代語サ変	し	し	する	する	すれ
信ずる	じ	じ	ずる	ずる	ずれ
信じる	じ	じ	じる	じる	じれ

（アミカケの部分はサ変の活用と異なるもの）

表 4.6 上一段活用　例：「閉じる」

語　幹	未然形	連用形	終止形	連体形	已然形 (仮定形)
閉	じ	じ	じる	じる	じれ

（アミカケの部分はサ変の活用と異なるもの）

表 4.7 上一段化する漢語動詞の例

漢語サ変動詞	念ずる	封ずる	論ずる	動ずる
上一段動詞化	念じる	封じる	論じる	動じる

表 4.8 「愛す（愛する）」の活用と，サ変・五段活用

活　用	未然形	連用形	終止形	連体形	已然形 (仮定形)
（五段活用）「押す」	さ	し	す	す	せ
現代語「愛す」	さ	し	す	す	せ
（古典語サ変）	(せ)	(し)	(す)	(する)	(すれ)
現代語「愛する」	し（存在せず）	し	する	する	すれ

　形式が併存している．本来のサ変（「する」）であれば「-じる」という形はあり得ないはずだが，現代においてはむしろ前者が一般的・口語的で，後はやや硬く，文語的である．

　表 4.5 の「信ずる」の活用形式はサ変そのものであるが，「信じる」の活用形式の終止・連体形「信じる」，仮定形「信じれ」は，サ変の活用形式ではない．これは表 4.6 のとおり，現代語上一段活用（古典語での上二段活用）の活用形式と一致するものである．

　「閉じ」の「じ」は動詞の活用語尾，「信じ」の「じ」はそれ自身がサ変動詞という違いがあるのだが，漢語サ変動詞が日本語の中に定着していった結果，

名詞「信」＋動詞「する」という分析意識が薄れ,「閉じ」の「じ」と同様,
一語中の活用語尾として意識されるようになり,「閉じる」と同様の上一段の
活用形式に変化したと考えられる.一字漢語動詞の中には,このような過程を
経て,本来漢語であったという意識が薄れ,あたかも本来の和語と変わらない
かのように,全体で上一段動詞に変化しているものが数多くみられる.これら
は実際,われわれの日常の意識において,「漢語」＋「する」とはもはや意識
されていないものであり,もはや「臨時的に造語した複合的な動詞」ではなく,
通常の動詞一語として定着しているといえよう.

　漢語＋「する」が通常の動詞一語として定着していく流れは,上一段活用化
のみではない.動詞「愛する」(「愛す」) は,漢語名詞「愛」＋サ変動詞「す」
から成立した動詞であるが,現代語においては未然形は「愛さ」(-ない) であり,
本来のサ変未然形「愛し」(-ない) という形はとらない.この事例は,「愛す」
全体が一語と意識されるようになったうえで,五段活用に変化した例と位置づ
けられる.

4.7.3　「誤用」から定着へ

　上では,漢語に和語を付加した形式に対する分析意識が薄れ,一語として定
着していく事例として漢語サ変動詞におけるサ変動詞の活用語尾化,それに伴
う活用体系の変化をみた.本来,漢語を含んで構成された語であるということ
が忘れられていく流れは,ほかにもさまざまな場合に観察できる.先の例は
「語」としての漢語に和語を付加したものに対する分析意識の薄れの事例とい
えるが,接頭辞・接尾辞に代表されるような漢語的な造語要素を用いて生み出
された語に対しても,漢語接辞を切り離して解釈する分析意識が薄れ,接辞込
みの全体が初めから一語であったかのように,われわれの認識が変わっていく
という流れをみてとることができる.

　たとえば「被災に遭われた方々」といった言い方が誤用として取りあげられ
ることがある.「被災」自体が「災」を「被」る,すなわち「災害に遭う」と
いう語であって,述語「遭う」と重複することを問題とする指摘であり,いわ
ゆる「頭痛が痛い」式の誤りである.よって,「被災」に関しては「被災に遭う」
ではなく「被災する」などというのが正しい,などという話をよく耳にする.

だがわれわれは，同様の論理を，同様の語構成をもつ「被害」には適用しない．「被害」に関しては，「被害に遭う」という言い方を誤用だとする声を，まず耳にしない．これも同様の論理を適用するなら，「被害」自体が「害を被る」という語であって「遭う」と重複するはずである．そしてそうであるならば，「被害に遭う」は意味的重複をもって誤用であり，正しくは「被害する」と言うべきところであるが，現代のわれわれは逆に「被害する」という言い方はしない．この差はひとえに，「被害」という漢語と「被災」という漢語の日常化の度合い，定着の度合いの差とみることができる．あくまで「被-」を分解し，漢語の文法に則ってその語の意味・語構成を解釈しようとする意識が強いか，それが忘れられるほどに日本語の中に一般化し，「被-」を含む全体で一語と認識されるようになったかの差であり，前者が「被災」，後者が「被害」であると位置づけられる．「被害」は全体で見なれた名詞一語で，もはやわざわざ「被」＋「害」と分析して考えられたりしないために「被害に遭う」は「いじめに遭う」「すりに遭う」と同様に受け入れられるのである．実際，「被害に遭う」という言い方も実は「被害」という漢語そのものがある程度定着してからの言い方であり，かつては現代の「被災」同様，「被害する」という言い方があったようである．

・戦前における「被害する」の実例

　　反対に他人から被害さるることによって…… （『中央公論』1933）

「被災」「被害」のように，同じ語構成の漢語の同じような用法について，一方が誤用とされ，一方が誤用とされないという事実は，ひとえに漢語を漢語として意識し，その語構成の文法にまで立ち戻って認識するか，語構成を忘れるまでに，その語が日本語の中に定着しているかの差によるとみることができる．このように文法的に「誤用」であるはずのものが誤用とされなくなる，ということの中には，その漢語が日本語の中に定着したという事実を見出せる場合がある．

　同様の事例として，「違和感を感じる」という言い方がある．この言い方に，それこそ違和感を感じる人も，違和感を感じない人もいる．「違和感」全体を一語と受け止め，もはやそれ以上分析しないのであれば「寒気を感じる」「憤りを感じる」の「寒気」「憤り」の位置に，たまたま「違和感」という語がき

ているというだけだが，「違和感」について「‒感」を分析的に受け止めるなら「感じる」との重複が気になる．

　漢語は，本来もつ日本語との文法構造の違いを埋めながら，日本語の中に取り込まれてきた．取り込まれた漢語が定着していくと，われわれの意識の中でも「本来はよそ者である」という意識が薄れ，和語との区別がつかなくなっていく．ここではサ変の活用体系の変化や，「被○に遭う」「○○感を感じる」といった語彙的重複というわずかな事例をみたにとどまるが，このような変化は，その過渡期には「乱れ」や「誤用」とされる．それは，それら漢語を含んだ表現を，本来の漢語として，時に語構成にまで立ち返って文法的に判断した際の言い方である．しかし一方で，そのような変化が事実としてみられるのは，その語本来のありようが忘れられつつあるからこそである．その変化が，もしも「乱れ」「誤用」と言われなくなる日が来たとしたら，それはその語の定着が進み，漢語としての文法意識が適用されなくなった，すなわち漢語の文法を脱却し，和語と等価になった，といえる側面もある．そのような目で見るならば，現代のわれわれが「気にせず使っているが，実は誤用である」などと言われる事例の中に，漢語定着の途上を見出すことができるかもしれない．

演　習

　課題 4.13　漢語サ変動詞由来のもので，本来のサ変とは活用体系が変わっているものを探してみよう．

★**課題 4.14**　漢語を含む日本語の表現の中で「誤用」とされるものについて，なぜそのような言い方をしたくなるのか，考えてみよう．

意味からみた漢語

5.1 漢語と意味分野

現代語において漢語がどのような意味分野に多いのか，二つの語彙調査から
その傾向を探ることにする．

5.1.1 現代雑誌90種（1956年）の調査

宮島達夫（1980）「意味分野と語種」（『国立国語研究所報告65』）は，『現代
雑誌九十種の用語用字　第一，第二，第三分冊』（国立国語研究所報告21，
22，25）をもとに，その上位7000語について『分類語彙表』の意味分類にの
っとり，語種との関係を分析すると次のとおりであるとしている（表5.1）．こ
れによると，異なり語数で漢語は全体の半数近くに及んでいることがわかる．

次に，その意味分野ごとに異なり語数を一覧したのが表5.2である．「1 体の
類」についての延べ語数による割合の分析は宮島（1980）にみえ，その順位
と割合は「1.3 人間活動77.0」「1.1 抽象的関係63.8」「1.2 人間活動の主体55.9」
「1.4 生産物および用具40.5」「1.5 自然物および自然現象30.9」と分析されて
いる．これに対して，異なり語数では2位と3位が逆転するが，「人間活動」
に占める漢語の割合がいずれでも最も多い．

さらに，宮島（1980）に記された集計を手がかりに，『分類語彙表』におい
て下位分類された分野について，異なり語数で漢語の占める割合が高頻度順，
ならびに低頻度順の第一位～第十位を次頁の下段に示しておく．

表 5.1　現代雑誌 90 種（1956 年刊行）の語種別語彙量
（人名・地名を除く自立語）

	上位 7000 語		全　　体	
	延べ語数	異なり語数	延べ語数	異なり語数
和　語	467,176 (56.1)	2,590　(39.6)	221,875 (53.9)	11,134 (36.7)
漢　語	335,529 (40.3)	3,387　(51.7)	170,033 (41.3)	14,407 (47.5)
外来語	16,957　(2.0)	362　(5.5)	12,034　(2.9)	2,964　(9.8)
混種語	12,717　(1.5)	209　(3.2)	8,030　(1.9)	1,826　(6.0)
計	832,379 (99.9)	6,548 (100.0)	411,972 (100.0)	30,331 (100.0)

表 5.2　意味分野ごとの異なり語数

	和　　語	漢　　語	外来語	混種語	計	漢語の割合
全　体	2590	3387	362	209	6548	51.7
1　体の類	1124	3076	353	132	4685	65.6
1.1　抽象的関係	358	975	62	46	1441	67.6
1.2　人間活動の主体	141	477	61	20	699	68.2
1.3　人間活動	225	1207	76	27	1535	78.6
1.4　生産物および用具	168	213	133	32	546	45.9
1.5　自然物および自然現象	232	204	21	7	464	43.9
3　相の類	419	304	9	21	753	40.3
3.1　抽象的関係	280	203	6	12	501	40.5
3.3　精神および行為	85	89	3	9	180	49.4
3.5　自然現象	54	12	0	0	66	18.1
4　その他	82	7	0	2	91	7.6

（「2　用の類」は漢語サ変動詞を認めないため省略）

高頻度順の第一位～第十位				低頻度順の第一位～第十位			
1.36 人事	93.7	（例：経営	教育）	1.42 衣服	14.6	（例：帽子	寝具）
1.27 機関	92.5	（例：政府	組織）	1.56 動物	19.5	（例：家畜	昆虫）
1.58 生命	87.5	（例：繁殖	病気）	1.50 刺激	25.0	（例：色彩	味覚）
1.11 類	85.7	（例：種類	関係）	1.58 からだ	29.2	（例：身体	血液）
1.12 有無	85.1	（例：存在	成立）	1.18 形	30.0	（例：形態	模様）
1.34 行為	84.2	（例：技術	成功）	1.55 植物	36.1	（例：海藻	果実）
1.14 力	82.7	（例：重力	権力）	1.41 資材	40.3	（例：木材	燃料）
1.13 様相	82.1	（例：状態	性質）	1.43 食料	41.9	（例：料理	菓子）
1.35 交わり	80.8	（例：集会	戦争）	1.21 家族	44.6	（例：家族	先祖）
1.31 言語	79.2	（例：表現	説明）	1.45 道具	45.7	（例：文具	武器）

　抽象的な関係やようすを表す「類」「有無」「力」「様相」「生命」，また，人間活動を社会的側面から表す「人事」「行為」「交わり」「言語」「機関」「人事」などに漢語の使用が多いことがわかる．特に，明治以降の学術用語，新たな人間活動に伴う用語については漢語で言い表されるようになったものも多い．ちなみに，宮島（1980）の，延べ語数によって分析した上位には「機関」「人事」「行為」「様相」「有無」が並ぶが，結果はほぼ等しい．これに対して，低頻度順では，「衣服」「資材」「食料」や「動物」「植物」など形のある，目に見える事物，そして，「からだ」「家族」「道具」など身近なものについては漢語が比較的少ない．「からだ」「刺激」「動物」などは和語で，「衣服」「資材」「食料」などは外来語でも言い表されることが多いからであろう．

5.1.2　テレビ放送の語彙調査

　1989 年のテレビ放送の語彙を調査し，次の七つのジャンルに分類した分析が報告されている（国立国語研究所報告112『テレビ放送の語彙調査 1』1995，秀英出版）．

報道系	ニュース・時事解説
教育・教養系	歴史・地理・宗教・化学などをテーマとする番組
一般実用系	健康・料理・育児・趣味・株式などをテーマとする番組
音楽系	音楽番組
バラエティー系	クイズ・ゲーム番組　演芸・芸能ニュース
ストーリー系	ドラマ　映画　漫画
スポーツ系	スポーツ番組　スポーツニュース

これらの語種別に占める異なり語数の比率を示すと表 5.3 のとおりである．
　漢語が占める割合が最も高いジャンルは報道系で，次いで教育・教養系，一般実用系となっている．これらの番組では，5.1.1 項でみたような，「人間活動」「人間活動の主体」に関する語彙が多く用いられるからであろう．また，番組ごとの語種調査で，漢語の割合が高かったのは，ニュース番組のほかには「話題の医学」「歴史誕生」という番組であったようで（国研（1995）Ⅰ 349 ぺ），医学をはじめとする学術用語に漢語が多いことをうかがわせる．他方，音楽系，スポーツ系では漢語の占める割合が低い．音楽やスポーツの用語には漢語が相対的に少ないことを示すものであろう．ちなみに，このジャンルに外来語の占

表 5.3　テレビ放送ジャンルごとの語種別異なり語数

ジャンル	和　語	漢　語	外来語	混種語
報道系	30.6	40.5	6.7	22.2
教育・教養系	43.9	35.3	5.5	15.4
一般実用系	37.9	34.4	7	20.7
音楽系	57.9	18.9	10.3	13
バラエティー系	42.4	28.5	9.8	19.3
ストーリー系	51	27.3	6.8	15
スポーツ系	37.7	25.4	15.7	21.2

める割合が比較的高いのは，新しい言い方が借用される機会が多いからである
とみられる．

5.2　漢語の類義関係

　漢字は字義を備えた文字であるから，単語（熟語）を構成する漢字がそもそ
もよく似た字義である場合には類義関係になりやすい．ただし，単語は意味変
化を起こすことがあるため，類似していない漢字によって構成された単語（熟
語）も類義関係になりうる．このような類義関係を，造語成分としての漢字の
字義との関係で熟語についてみると，大きく次のように分類されよう（注：意
味の類似とはどの範囲をいうかについては，厳密には問わないことにする）．

（1）　一方が同じ字で，他方が類似した字義をもつ熟語
　　a）　並び順の位置が異なる
　●「書写」:「臨書」〈手本を見て書写する〉
　●「一生」:「生涯」
　●「風景」:「景色」（ただし，「気色」［ケシキ］の当て字）
　●「妊娠」:「懐妊」〈「妊娠」の硬い言い方〉（古くは「懐胎」とも）
　　b）　並び順の位置が同じ（共通して同一の字が同じ位置にある）
　●「看護」〈治療を手伝うこと〉
　　「看病」〈病人のそばで治療を手伝うこと〉
　●「介護」〈身体が不自由な人などに付き添って世話をすること〉
　　「介抱」〈病人やけがをした人を一時的に手当てすること〉
　　「介助」〈行動の不自由な人をそばで手助けすること〉

- 「規範」〈行動したり判断したりするときに従うべき手本〉
  「模範」〈理想的なものとして見習うべき手本〉
  　　「模範」には理想的なものというニュアンスがある.
- 「退会」「脱会」〈加入していた会をやめる〉
  　　「脱会」には，積極的もしくは強い意志をもってという語感を伴う.
- 「降下」〈高い所から低い所へ移ること〉「急降下」
  「落下」〈重力のままに上から下へ移動する〉「隕石が落下する」
  　　「落下」には真下の方に向かうというニュアンスがある.
- 「始動」「起動」〈動き始めること〉
  　　機械や制度などは「始動」，パソコンは「起動」.

(2)　相異なる，類似した字義からなる熟語

- 土台・基礎　　●長所・美点　　●追憶・懐古　　●出版・刊行

(3)　それぞれが類似していない字義の漢字からなる熟語

- 「我慢」〈欲望・苦痛・感情などに流されずに堪え忍ぶこと〉
  「辛抱」〈精神的肉体的な苦痛をじっと（しばらく）こらえること. 仏教語「心法」の当て字〉.
- 「準備」「用意」　　●「方法」「手段」　　●「不在」「留守」
- 「便利」「調法」　　●「勘弁」「容赦」

　一般に類義関係にあるとされる漢語は（1）ｂの場合が圧倒的に多い. 二字熟語の場合，その内の一字を入れ替えることで，類義もしくは対になる表現を可能にするということである.

　次に，類義語が極めて多いものの一つである，〈死ぬこと〉を表す漢語を例にして，類義関係を少し具体的にみておく.

　死に関する語彙は，それに対する畏れ，また身分・人間関係など状況によって使い分けがなされることから，漢語だけでも「死」「死亡」「死去」「逝去」「死没」「他界」「永眠」など，さまざまな言い方がある. このうち，「死」は「死を迎える」「死を悼む」というような慣用的な言い方のほか，「旅先で父の死を知る」というような客観的な表現で用いられる. ただ，一字漢語「死」は一拍（一モーラ）であることから，一語としてはやや安定感に欠ける.「死」は動物の死にも用いられるが，二字漢語は「死亡」以下，もっぱら人の死に対して用いられる（まれに犬などに対して「死亡」が用いられることもある）.

　「死亡」は「死亡届・死亡率・死亡事故・死亡推定時刻」などの複合名詞に

用いられることが多いが，このほかの語では「死没者」「逝去者」「物故者」のように用いられる以外，「死去」「永眠」などには複合した用法がない．このように複合名詞を形成する能力が高いほど，一般的な言い方であるといえよう．そして，「犯人は銃撃戦の後，死亡が確認された」とは言えるが，この「死亡」を「死去」などで言い換えることはできない．

　「死亡」は客観的に人一般の死について用いられる傾向があるのに対して，「死去」は「作詞家金沢二郎さん死去」のように，政治家や文化人など著名人の死について用いられる．この「死去」を「死亡」に言い換えると，何らかの事故に巻き込まれて（場合によっては，一般人とともに）死んだというイメージを伴う．「死去」はその死を悼むという気持ちを込めた，やや改まった言い方として用いられる．「実母の死去で本会議を欠席」とは言えるが，「死去」を「死亡」では言い換えにくい．これに対して，「逝去」では言い換えることができる．それは「逝去」が敬意を込めた言い方であるからで，「○○氏逝去の報を聞いた」というように，「逝去」は高く待遇する人物についての死をいう．さらに身分によって，天皇・皇后などに対しては「崩御」，皇族などに対しては「薨去」が用いられることもある．「永眠」は婉曲にいうもので，敬意を込めた言い方である．

　「死没」は主として「原爆死没者」または「死没者名簿」のように戦争や災害などによる死，また，「織田信長，天文三年死没」のように歴史上の事柄としての死について用いられる．「他界」は仏教で死者の世界をいう語で，死を婉曲にいう言い方である．仏教的な言い方では「往生」「成仏」があり，高僧に対しては「入寂」「入滅」などとも言う一方，キリスト教では「昇天」という言い方がある．また，医者が遺族に対して用いる「臨終」（「ご臨終です」），災難による死の場合の「落命」「犠牲」（「犠牲者」）のほか，文章語では「絶命」「瞑目」「長逝」なども用いられる．

　このように，〈死ぬこと〉を表す類義関係にある漢語の間にも使用上の制約がある場合もあり，語感やニュアンスの違いも認められる．日常的に用いるレベルでは，中心的な意味は同じでも，使用するうえで何らかの使い分けがある．

5.3　同形異読と意味関係

　同一の漢字表記が複数の読み方をもつ場合がある[注1]．「本文」はホンブンか
ホンモンか，「固執」はコシュウかコシツか，「世論」はセロンかヨロンか，「気
質」はキシツかカタギかというように，複数の読みが思い浮かんで，どちらで
読むべきか迷う場合も少なくない．このような，同一の漢字表記が複数の読み
方をもつ場合を，同形異読と呼ぶことにする．漢字の読みには音と訓があるこ
とから，これはさらに次のように分類することができる．

A.　同形異音（音読みである場合）

　(1)　全体の音を異にする

　　　　呉音読と漢音読の関係にある場合：兄弟（キョウダイ・ケイテイ）

　(2)　単字の音を異にする

　　　　呉音読と漢音読の関係にある場合：言語（ゴンゴ・ゲンゴ）

　　　　同一字音体系内に複数の読みがある場合：作法（サクホウ・サホウ）

　　　　慣用音やその他の要因による場合：憧憬（ショウケイ・ドウケイ）

B.　同形音訓両読（音読みと訓読みとが対応する場合）

　(3)　全体が音読みと訓読みで異なる場合：草木（そうもく／くさき）

　(4)　単字が音読みと訓読みで異なる場合：昼食（チュウショク／ひるショク）

5.3.1　同形異音と意味関係

　同じ漢字表記に複数の音読み，たとえば呉音読みと漢音読みとがある場合，
両者は意味のうえでどのような関係にあるのであろうか．字義に沿ってそれぞ
れの熟語が構成されているのであるから，対応する呉音と漢音の関係であれば，
基本的に意味は同じであるといってよい．たとえば「面目」漢音［メンボク］
と呉音［メンモク］は同じ意味で用いられる．

　しかし，「分別」では呉音［ブンベツ］は〈別々に分けること〉，漢音［フン
ベツ］は〈物事の是非・道理を判断すること〉で，両者の意味は異なる．そし

（注1）　漢語とは直接関係はないが，「生酒」について「なまざけ」「きざけ」という複数の訓
　　読みがある場合を同形異訓（訓読みである場合）と名付けると，漢字表記と音訓の関係を
　　総括できる．

て，用法の違いでいえば，漢音［ダンジョ］，呉音［ナンニョ］である「男女」は，現代ではダンジョが一般的で，呉音は「老若（ロウニャク）男女」の四字熟語にしか用いられない．また「言語」もふつうはゲンゴ（漢音＋呉音）で，呉音［ゴンゴ］は「言語道断」の場合だけである．さらに，「生来」は呉音［ショウライ］・漢音［セイライ］とも〈生まれつき〉という意味は同じだが，漢音には副詞用法がある．

　他方，同一字音体系内に複数の読みがある場合の例は少なく，また，慣用音などは音変化や類推などによって生じた別の読み方であって，相互の意味関係には基本的に違いがない．そこで，上記のような呉音読みと漢音読みの関係にある場合についての意味関係について，次に大まかに分類して例示することにする[注2]．

　(1)　全体の音を異にする

　a)　意味が異なる場合

　　●声明：呉音［ショウミョウ］〈僧侶によって唱えられる声楽〉
　　　　　　漢音［セイメイ］〈大勢の人に自分の考えなどを発表すること〉「共同声明」

　　●小人：漢音［ショウジン］〈器量の小さな人物〉
　　　　　　呉音［ショウニン］〈子供，特に小学生以下をさす語〉

　　●後生：漢音［コウセイ］〈後から生まれてくる人〉「後生畏るべし」
　　　　　　呉音［ゴショウ］〈後の世，来世〉

　b)　一方に別の意味が加わる場合

　　●神水：呉音［ジンズイ］〈神前に供える水，神域に湧き出る水〉
　　　　　　漢音［シンスイ］上記に加えて，〈不思議な霊験をもつ水〉

　c)　ニュアンスに差がある場合

　　●聖人：漢音［セイジン］〈人格や徳行にすぐれた人〉「聖人君子」
　　　　　　　　　　　　〈カトリックで，殉教や徳行によって与えられる称号〉
　　　　　　呉音［ショウニン］〈仏教で，徳の高い僧，特に，浄土真宗では親鸞，日蓮宗では日蓮をさす敬称〉

（注2）「利益」の呉音［リヤク］・漢音［リエキ］のような場合は，単字の呉音漢音が同形であることは考慮せず，単字の異なる部分，ヤクとエキだけに着目して，単字の音を異にするという分類とした．

儒教やキリスト教では漢音，仏教では呉音を用いる．

- ●精霊：漢音［セイレイ］〈超自然的な存在や力．死者の魂〉
  呉音［ショウリョウ］〈仏教でいう死者の魂〉

(2) 単字の音を異にする

a) 意味が異なる場合

- ●利益：呉音［リヤク］〈仏神の慈悲や人々の善行などによって生ずる恵み〉
  漢音［リエキ］〈もうけ，利潤〉
- ●無期：呉音［ムゴ］〈ある状態が長く続くさま，期限のないこと〉
  漢音［ムキ］〈期限を定めないこと〉「無期延期」（「無」は漢音ブ）

b) 一方に別の意味が加わる場合

- ●評定：呉音［ヒョウジョウ］〈人が集まって相談して決めること〉「小田原評定」，
  漢音［ヒョウテイ］はそれに加えて，〈価値や品質を調べて評価を定め
  ること〉「評定値」（「評」は漢音ヘイ）
- ●同人：呉音［ドウニン］は〈同じ人〉（平板型アクセント），〈その人〉（頭高型
  アクセント）．漢音［ドウジン］はそれに加えて，〈志や好みを同じく
  する人〉「同人雑誌」（「同」は漢音トウ）
- ●作物：漢音［サクブツ］〈作ったもの，特に芸術的作品〉，呉音［サクモツ］は
  それに加えて，〈田畑で栽培した植物〉．［サクモノ］は名工の製作物の
  意など．

c) ニュアンスに差がある場合

- ●経典：呉音［キョウテン］〈宗教上の教えを記した書物〉
  漢音［ケイテン］〈聖人・賢人の教えを記した書物〉
- ●本文：漢音［ホンブン］〈序文・注釈・挿絵・付録などではない，主たる文章〉，
  呉音［ホンモン］は〈主として古典作品の（もととなる）文章〉「本文
  批判」〈古典の数種の異本を比較研究して，原典に近い最良の文章を定
  めようとすること〉．

漢音読みは一般的な概念を，呉音読みはそれより狭い概念を表す一方，専門
用語には漢音読みが用いられるという傾向がある．

- ●異形：漢音［イケイ］〈普通と違った形〉
  呉音［イギョウ］〈普通と違った，怪しい姿形〉
- ●音声：呉音［オンジョウ］〈人や獣の声，管絃の音〉「大音声」，漢音［オンセイ］
  はそれに加えて，〈人が意思を伝達するために口から発する音〉（「音」
  は漢音イン）

特に呉音は仏教語，律令用語，また古い言い方として用いられる．

- ●礼拝：呉音［ライハイ］〈仏教で，仏をおがむこと〉，漢音［レイハイ］〈キリスト教で，人とともに神に感謝し拝むこと〉．
- ●西方：呉音［サイホウ］〈極楽浄土のある西の方〉，漢音［セイホウ］〈西の方〉．
- ●陰陽：漢音［インヨウ］〈陰と陽によって万物の現象を説明しようとする中国起源の易学〉，呉音［オンヨウ］〈中国の易学が日本に伝わった，律令制下での天文・卜筮などを扱う術〉［連声して「オンミョウ」とも］

律令制に関わる用語は呉音が用いられ，「文章博士」「文章生」は［モンジョウハカセ］，［モンジョウショウ］，「図書」もふつう漢音［トショ］であるが，律令制における役所の一つ「図書寮」は呉音で［ズショリョウ］と読まれる（次では適宜省いた場合「-」で記した）．

神祇官［ジンギカン］(漢音シンキ)　　太政官［ダイジョウ-］(漢音タイセイ)

式部省［シキブショウ］(漢音ショクホウセイ)　　治部省［ジ-］(漢音チ)

兵部省［ヒョウ-］(漢音ヘイ)　　刑部省［ギョウ-］(漢音ケイ)

大学寮［ダイガクリョウ］(漢音タイカク)

公式令［クシキリョウ］(漢音コウショクレイ)

また，元号も古くは呉音を用いる慣わしであった．

天平［テンピョウ］(漢音テンヘイ)　　延暦［エンリャク］(漢音エンレキ)

貞観［ジョウガン］(漢音テイカン)　　仁和［ニンナ］(連声，漢音ジンカ)

ただ，漢音が次第に普及していくにしたがって，漢音で読まれることも多くなり，慣習的な読み方が発生してきたなかで，今日ではどちらが本来のものであるかわかりづらくなっている．

大宝：呉音［ダイホウ］　　漢音［タイホウ］

寛平：呉音［カンピョウ］　　漢音［カンペイ］

なかには，いずれか一方が古めかしい言い方に感じられる場合もある．

- ●疫病：漢音［エキビョウ］(ビョウは呉音)　←　呉音［ヤクビョウ］
- ●顧客：呉音［コキャク］　←　漢音［コカク］
- ●盛衰：漢音［セイスイ］　←　呉音［ジョウスイ］
- ●出生：漢音［シュッセイ］　←　呉音［シュッショウ］

5.3.2　同形音訓両読と意味関係

同一の漢字表記が音読みされる一方で，訓読みもされるものを「同形音訓両

読」と仮に名付けておく．その場合，表記すべてが音と訓で対応する場合と，一部が対応する場合とがある．漢字の字義にあった訓が与えられているのであるから，もともと中国語に基づく音は日本固有語の訓と同じであるはずである．しかし，意味にずれが生じている場合も少なくない．

(1) 全体が音読みと訓読みで対応する

○意味が同じ

　牧場：ボクジョウ／まきば　　腹痛：フクツウ／はらいた
　山道：サンドウ／やまみち　　年月：ネンゲツ／としつき

○意味が異なる

　生物：セイブツ／なまもの　　色紙：シキシ／いろがみ
　役所：ヤクショ／やくどころ　　人事：ジンジ／ひとごと
　人気：ニンキ／ひとけ　　小人：ショウニン・ショウジン／こびと

○意味に一部重なる点もあるが，用法やニュアンスの違いが認められる

　大事：ダイジ／おおごと　　市場：シジョウ／いちば
　小話：ショウワ／こばなし

「風車」では「フウシャ」は大きな物しかいわないが，「かざぐるま」は主として小さな物に用いられる．「宝物」では「たからもの」は〈その人が宝としている物〉であるのに対して，「ホウモツ」は〈寺社などで宝としている物〉というように，少しニュアンスの違いがある場合もある．右には逐字的な訓を示したが，熟語が熟字訓と対応する場合もある．

　気質：キシツ／かたぎ　　泡沫：ホウマツ／うたかた
　氷柱：ヒョウチュウ／つらら　　流行：リュウコウ／はやり
　梅雨：バイウ／つゆ　　明日：ミョウニチ／あす・あした

(2) 単字が音読みと訓読みで異なる

○意味が同じ

　細字：サイジ／ほそジ　　世論：セロン／よロン
　元金：ガンキン／もとキン　　声質：セイシツ／こえシツ
　代替：だいたい／だいがえ（口頭語的な言い方）

○意味が異なる

　高台：コウダイ／たかダイ

○意味に一部重なる点もあるが，用法やニュアンスの違いが認められる

　屋外：オクガイ／やガイ　（ヤガイは〈郊外〉「野外訓練」も）

現場：ゲンジョウ／ゲンば　（ゲンジョウは警察用語）

5.4　同音・同字の漢語

5.4.1　同音異語

　同じ発音であるが，異なる語義である熟語の関係を「同音異語」と呼ぶことにする．同じ発音でもそもそも意味の異なる漢語は数多く，たとえばセイタイ（平板型アクセント）では「生態」「生体」「声帯」など枚挙にいとまがない．ここでは類義関係を扱うことにするが，それはすでに 5.2 節で分類したもののうち，同音語に限定した場合に相当する．そこで，熟語を構成する漢字からみると，そのほとんどは「一方が同じ字である場合」である．

- 定形〈特定の形〉「定形郵便物」／定型〈決まった型〉「定型詩」
- 雨期〈雨の多い期間〉／雨季〈雨の多い季節〉
- 即効〈使用するとすぐに効く〉／速効〈効き目が速く現れる〉
- 滞納〈納めるべき物を納めないでいる．納めていないこと自体に重点〉／
  怠納〈納付を怠って期限を過ごす．期限までに納めていないことに重点〉
- 招集　「総会を-する」／召集　「国会を-する」
- 精練（繊維に対して）／精錬（金属に対して）

　相異なる字である場合としては「了見・料簡」が当てはまるが，これは「了簡」とも書くことから，これを媒介させると，上記の例外とはならない．すなわち，類義関係の同音異語は一方が同じ字である場合に限られるといってよい．

　ちなみに，同じ発音で，語義も同じであるが，表記が異なる場合もある．異表記ともいうべきもので，「次男・二男」「姿態・姿体」「繁盛・繁昌」「機転・気転」「均整・均斉」「反故・反古」「不調法・無調法」などがある．

5.4.2　同字異順

　一語が同じ漢字から構成されるが，その字の順序が逆になる関係を「同字異順」と呼ぶことにする．日本語の「紹介」が中国語で「介紹」となるような類がよく知られているが，日本語の内部でも同じことがある．その場合，漢字の読みが複雑であるため，次のように三つに分類されよう．

　（1）　それぞれの漢字が同音である場合

○意味がほぼ同じ

- ●砂防（「−ダム」）／防砂（「−林」）
- ●作製〈物品，特に図表や印刷物などをつくる〉「グラフを作製する」／
  製作〈器具や設備，特に映画やテレビ番組をつくる〉「映画を製作する」
- ●便利〈形容動詞〉「便利屋」／利便〈名詞〉「利便を図る」「利便性」
- ●「識見／見識」「満干／干満」「瑞祥／祥瑞」「来襲／襲来」

○意味が異なる（用法やニュアンスの違いを伴う場合も多い．）

- ●定評〈世間に知れた，定まった評価〉／評定〈評価を定めること〉
- ●読解〈文章を深く読み解くこと〉「古文を読解する」／
  解読〈暗号など読みにくいものを読み解く〉「暗号を解読する」
- ●名人〈上手な人〉／人名〈人の名〉
- 「子女／女子」「別送／送別」「事情／情事」「長身／身長」「社会／会社」

(2) 漢字の音が異なる場合

- ●定規［ジョウギ］／規定［キテイ］　　●弟子［デシ］／子弟［シテイ］
- ●下落［ゲラク］／落下［ラッカ］　　●人夫［ニンプ］／夫人［フジン］

(3) 音と訓で異なる場合

- ●「日月」［ジツゲツ］／「月日」［つきひ］
- ●「表裏」［ヒョウリ］／「裏表」［うらおもて］
- ●「左右」［サユウ］／「右左」［みぎひだり］

(2) は呉音と漢音という字音体系が異なる場合であり，(3) は対になる概念の並べ方が日本語と中国語で異なるというものである．

5.5　漢語の意味変化

5.5.1　本義と転義

漢語とは，表語文字である漢字から成り立つ語種であることから，理屈のうえでは意味変化など起こらず，固定的であるはずである．また，和語に比べると，漢語においては意味変化を経て多義語化したものは少ないという前田 (1985) の指摘もある．確かに，和語の「手」が，「生物の手」「形のうえで手に類するもの」「手のさまざまな働き」「方向」「手段」など多様な意味を担っていることに比べると，漢語の指し示す範囲はずいぶん狭いように思われる．

とはいえ，実際の用法をみてみると，やはり漢語本来の意義である本義を離

れ，転義が派生している例もみられる．本来は内閣を組織する意でしか使えな
いはずの「組閣」という用語が，比喩的にプロ野球の新監督などが幹部の人選・
任命を行うことに対して使われているのがその一例である．転義の派生が，や
がて意味変化へと向かう場合がある．

　新聞記事などでよく見られる「遺憾」という漢語について考えてみる．これ
は字義どおりだと「うらみがのこる」，つまり「心残りである」「残念である」
ということになるが，この原義で使われることはむしろまれであり，もっぱら
次のような用法で現れる．

　　「○○社は，××万円の賠償金と遺憾の意を示すことで遺族と和解した．」
　この場合，会社側が自らの過去の行為が「心残り」であり，満足のできるも
のではなかったことを示す，つまり遺族に「謝罪」するという意味である．だ
が，「遺憾」が常に「謝罪」と置き換えることができるわけではない．すなわち，

　　「△△国で発生した暴動により自国民に負傷者が出たことに対して，政府
　　は関係者の処罰と再発防止を強く求めるとともに，遺憾の意を表明した．」
の場合は，相手の行為ないし不作為が「心残り」である，つまり受け入れられ
ないものとして「非難」する意味で使われている．「心残り」という本義を軸
として，自身の行動については「謝罪」，相手の行動については「非難」する
転義として使われているのであり，一見すると「非難」「謝罪」という正反対
の事柄を一つの漢語が担っている形になっている．

5.5.2　意味変化の類型

　意味の変化については，意味論の分野でさまざまな考察が行われている．池
上（1975），同（1978）や前田（1985）などといった研究書の中で言及されて
いるほか，本「日本語ライブラリー」シリーズの『語と語彙』（2012 年）第 3
章などにおいても解説されているところである．

　ここでは小林（1993）の図式（表記を改めた箇所がある）に従い，意味変
化の類型をみていく．

【意味の範囲の変化】

　　意味の拡大…アタマ（頭）〈頭部の一部から頭部全体をさすものに〉，ゴザアル（御
　　座有る）・ゴザル〈「居る」の尊敬語から「行く・来る・居る」の尊敬語および

丁寧語に〉，瀬戸物〈瀬戸産の物の意から陶器一般に〉

意味の縮小…サカナ〈「酒菜」の意で魚肉・野菜など広くさしたものから魚類をさすものに〉，ツマ〈夫と妻の両方をさしたものから妻のみをさすものに〉

【意味の転換】

近接的意味への転換…カナシ〈いとしく思う「愛し」の意から悲哀の意へ〉，気ノ毒〈自分自身の困惑の気持ちから，相手に対する同情の気持ちへ〉

比喩的転換…アシ（脚）〈動物の四肢から机などを支えるものの意に転用〉，ヤマ（山）〈盛り上がった地形の比喩から，山場，あるいはやま勘の意に転用〉

【意味の価値・評価の変化】

意味の下落…坊主〈その寺の主の僧の意から単なる僧の意へ〉，亭主〈宿の主人の意から夫の意へ〉

評価の変化…シアハセ（仕合）〈めぐりあわせの意から幸福の意へ〉，分限（ブンゲン・ブゲン）〈身のほど・分際などの意から金持ち（分限者）の意に〉，因果〈原因結果の意から悪い結果，不運の意へ〉

小林（1993）をはじめ，先行研究では和語の例が多く取り扱われているが，本書の関心の対象である漢語も日本語の一部である以上，同様に分類することが可能である．

「弁当」とは中世以降にみえるようになる語であるが，当初は「便利なこと」という意味合いであった．それが「便利なもの」，ひいては「携行食」へと変化して今日にいたっているのであり，意味の転換が起こっている例である．

また「談合（古くは『ダンコウ』）」についても，17世紀初頭に成立した『日葡辞書』によると広く「Catari auasuru（語り合わする）」の意であり，『保元物語』には，

「仙洞には左大臣殿又為義をめされて，世間のことのどのどと御談合あり．」のような用例がみられる．それに対し，現代では指し示す範囲が狭くなり，もっぱら「公共事業などにおけるカルテル」に限った意で用いられている．こちらは意味の縮小といえる．

なお，意味は拡大するよりも縮小することの方が多い旨は，池上（1978）で言及されている．人間の生活が複雑化するにつれて，細かい語が必要になることが多い．その際，語を新しく作るのではなく，すでに存在する語に特殊な意味をさらにもたせることにより，記憶の負担の軽減を図りつつ効率的に運用

しているという図式である.

5.5.3　「漢語の意味変化」の特徴

a.　原語からの変容

　日本語で使われている漢語の中には,古代中国語や仏教語などに由来するものも数多い.しかし,日本で長年使われているうちに,日本の風土・文化に対応する形で本来の意味から離れ,日本語独自の歩みを始める現象も多々みられる.

　今日頻用されている「勉強」という漢語は,『礼記』中庸に「或利而行之,或勉強而行之,及其成功一也」とみえ,本来は「努力をして励むこと」であった.それが,近代以降,その「勉強」する対象の中では典型的な事柄だったからか,学問に励むことに限定して「勉強」を使うという日本語独自の意味変化が生じた.さらには,努力することの派生的な用法としてか,あるいは「市場の動向を研究して損益ぎりぎりの値段を設定する」意味合いがあるのか,値引きを行うという意味でも「勉強」が使われている.

　このような,本義と現代日本語との間でずれが生じている漢語を表5.4にいくつかあげる.

　高橋(2012)によって指摘された「篇目」の例にも注目しておきたい.「篇目」自体は漢籍に出現する漢語で,「題目」「目次」の意であった.これが日本では「事柄」のような意味に転じた結果,やがて古記録などを中心に「篇」に形式名詞的な用法を生じ,「篇」が「諸篇(=あらゆる事柄)」「篇々(=色々な事柄)」などといった漢語を生み出す造語要素として振る舞うようになった.これなども,中国由来の漢語の一つの展開の仕方であると言える.

　逆に,「斟酌:酒をくむ→先方の事情をくみ取る→辞退する」などというように,いったん日本的な変化を遂げた漢語が,漢字・漢文の学習などの結果,漢語本来の意味へと回帰(「辞退」の意は使われなくなる)を促された場合もみられる[注3].「斟酌」については,1650(慶安3)年に成立した『かたこと』に,

---

(注3)　陳(2005)は,近世における唐話との接触も,漢語本来の意味への回帰に一役買っていたことを論じ,「時宜:物事の頃合い→時にかなった挨拶→辞退する」の回帰現象もその一環であると指摘する.

表 5.4 本義と現代日本語との間でずれが生じている漢語の例

	本 義	現代日本語での意味*
億劫	測定できないほどの長い時間.	手足や頭を働かせることがめんどうな様子. 何もやりたくない気持ち.
観念	心に思い浮かべること.	経験した物事が積もり重なって, 頭の中で固定的に考えられるようになったもの. ／そういうものだとあきらめて, それ以上の状態を望まないこと.
愚痴	愚かであること.	言ってもどうしようもないことをくどくど言うこと.
金輪際	世界の端・物事の極限.	「どんなことがあっても絶対に…ない」の意の強調表現.
所詮	文字などで表される内容.	あれこれ論じたところで, 結局はそれでしかないと結論づける様子.
是非	良いことと悪いこと.	他人はどうあれ, 自分の気持ちとしてはその事の実現を強く希望する様子.
発明	物事を明らかにすること.	それまでだれも考えつかなかった機械や技術に関する新しいアイデアに基づいて何かを作り出すこと.
迷惑	途方に暮れること. 道に迷うこと.	その人のした事が元になって, 相手やまわりの人がとばっちりを受けたり, いやな思いをしたりすること (様子).
料理	物事を処理すること.	材料に手を加えて (おいしく) 食べられる状態にすること (した食物).

* 『新明解国語辞典』第 7 版 (三省堂, 2012) の語釈による. 5.5.4 項の「新明解」もこれを指す.

> 「斟酌といふこと葉は. 物をくみはかるこころにて侍るを. 今は辞退することにのみ云るは誤とぞ」

という記述があるなど, 誤った用法であることは意識されていたと思われる.

漢字・漢語の知識とは, 今も昔も教養の度合いを測る要素の一つであり, 正しく使用したいという欲求・規範意識が常に働いていることは無視できない.

b. 漢語の意味変化の周辺

漢語の意味変化に伴い, 漢語の意味と漢字の字義との間が乖離する, ないし両者のつながりが忘れ去られることが起こる. そのような場合, 意味の変化と同時に, 表記の変化もしばしば発生する.

今日「笑止」と書かれる漢語は, 本来は「勝事」と表記され, 文字通り「すばらしいこと」の意味であった. それが「大事件」へと転化し, 不吉な事柄をも指し示すようになったために「笑止」の字も当てられるようになり, 「困ったこと」「気の毒なこと」という意味を帯びるにいたった. それがやがて「ちゃんちゃらおかしい」の意へと変化するなど, 新たな漢語「笑止」として展開

表 5.5 漢語の意味の変化に伴う表記の変化例

アイキョウ	愛敬→愛嬌	本来は「愛し敬うこと」だったのが、「かわいらしさ」「愛想」などと意味が細分化した結果、「なまめかしいさま」をさす用法に「愛嬌」の表記が対応するにいたった.
イッショ	一所→一緒	当初は「一つの場所」というような空間的な意味合いが強かったのが、江戸時代以降空間の意味が希薄になり、表記も変化した.
オウリョウ	押領→横領	「兵士を統率する」意だったのが、中世には「他人の領地を奪うこと」の意になり、さらに領地に限らず「横取りすること」に変化した.
トンチャク (トンジャク)	貪著→頓着	本来仏教語で「執着すること」の意だったのだが、「心配する」「関心を抱く」意へと変化した.
ノンキ	暖気→暢気・呑気	「気温が暖かい」から「物見遊山する」、さらには「のんびりする」意へと変容した.
ヒキョウ	比興→卑怯	「愚劣」「見苦しい」「おかしい」など指し示す範囲が広かったが、「卑劣」の意味合いが強まった用法は「卑怯」へと表記が変化した.
ヨウシャ	用捨→容赦	「用捨」、すなわち「用いることと捨てること＝取捨選択」を脱して、「免じること」「許すこと」へと移行した.
リョウケン	料簡→了見・了簡・量見	「判断して弁別する」意から「思慮」「考えめぐらす」の意へと変化した.

を遂げたようすが見てとれる^(注4).

この種の、意味の変化に伴う表記の変化を表 5.5 にいくつかあげる^(注5).

このような表記の変化が頻出する背景には、日本語では音節の種類が乏しいため、字音の種類も少ないことがあるかと思われる（例えば「カン」「ソウ」などという字音を有する漢字は枚挙にいとまがない）．また、字音そのものは意味を担っているわけではないことから、漢字と音形とが乖離しやすい一面もある．さらには、もともとは違った音だったのが、音変化によって合流する現象も頻繁に生じたのであり、字音の種類はますます統合され、宛字の選択肢は増えていく．

「重宝」「調法」は、元来「便利であること」などの意味が重なるところはあ

(注4) 阪倉（2011）参照.
(注5) 佐藤（1979）、中田（1982）、佐藤（1986）、鳴海（2008）による.

るものの別の漢語であり，音もそれぞれ「チヨウホウ」「テウハフ」というように異なった漢語であった．それが両者の発音が同じになった結果，相互に乗り入れるようになり，表記についても混同を招いたとされている[注6]．

　少し視点を変えてみると，現代共通語ではあまり見かけなくなっている漢語が，しかし現代の諸方言に残されていて，しかも相互に少しずつ意味が異なっているという場合がある．長野でみられる「まくもーぞ（＝むやみ・やたら）」，青森・秋田でみられる「まくもんぞ（＝うわごと・たわごと）」などといった語は，「莫妄想（まくもうぞう）」という漢語に由来すると思われるものであり，『日葡辞書』の記載「Macumŏjŏ…Xizzucanari midarini vomô（マクモウジョウ…シズカナリ．ミダリニオモウ）」からも，この漢語が実際に使われていたことが知られるのである[注7]．今日の方言のあり方は，語源や意味変化，伝承の実態などを考えるうえでさまざまな示唆を提供してくれると言えよう．

c. 漢語の意味変化の「非連続性」

　漢語の意味変化に関しては，和語と事情が異なるところがある．すなわち，漢語とは元来日常語というよりむしろ文書語としての性格が強いこともあり，伝承の連続性が把握しづらいという性質がある[注8]．

　伝統的な和語が「口承」によって伝えられることが多いのに対して，漢語の場合は文字による「書承」で行われる面がある．しばらく使われていなかった漢語が，古い書物を参照したことなどがきっかけで，場合によっては意味を変えつつ，突如文献上に復活することさえも起こりうる．幕末から明治にかけて出現した新漢語のなかには，「権利」「憲法」「演説」「自由」「自然」「存在」など漢籍や仏典などに由来するものも少なくないが，これなどは従来あった漢語が再評価され，欧米風の意味が付与された例であるといえる．漢字とは表語文字であり，その字義は時間・空間を超えた普遍性を有していることから，そのような非連続性が出現することになる．

　不可解と思われる意味変化を経た例として，浅野（2004）で指摘された「光景」があげられる．この漢語は平安時代以降文献に表れるが，古代の例は「光」

（注6）　小林（2001）参照．

（注7）　山田（1980）参照．

（注8）　このあたりの事情については，岡島（2009）など参照．

の意で用いられ，近世以降，今日のような「ありさま」の意味で使われるように
なる．中世の用例が乏しいことを踏まえると，近世以降の「光景」は，当時
の中国語から取り入れられた新しい用法であると考えられる^(注9)．この図式に
したがうと，中世の「光景」と近代の「光景」とは，たまたま同じ文字列では
あるものの，むしろ別の漢語といえるのであり，両者の間に連続的な「意味変
化」が生じたわけではない．

　漢字の造語性ゆえに一回的な漢語制作・使用が行われたり，かつて存在して
いた漢語とたまたま同じ漢字を使う無関係の漢語が発生したりする場合も少な
くない^(注10)．しかも，それが一度文献に掲載されてしまうと，その漢語の境遇
などを読み解くのは容易ではない．ある語形の漢語が文献上に断続的に見出さ
れたからといって，そこから直ちに「意味の変化」をつかみ取ることはできな
いのであり，漢語の意味変化という問題設定自体が自明のことではない．漢語
の意味が歴史的にどのように変化したか，そもそも連続性を見出してよいのか
を論じるためには，読みの変化や各地の方言における意味用法などといったよ
うな，総合的な考察が必要である．

5.5.4　現代日本語にみられる漢語の意味変化

　今日，漢語が本来の用法とは異なった意味で使われる現象は多々みられると
ころで，特に若者ことばにみられる用法については「日本語の乱れ」の文脈の
中で捉えられることも多い．若者ことばでは「普通においしい」が「標準的な
おいしさである」と「並外れておいしい」の両方を指しうることなどはよく知
られているところである．ここでの「普通」は，「平均的」という意味のほかに，
「お世辞抜きで」「素で」「正直なところ」という意味も有していると説明される

(注9)　「運動」「元気」にも同様の可能性が取り沙汰されている．それぞれ浅野（1998），小
　　野（1993）参照．なお「元気」については，佐藤（1971）では「病気が軽くなる」意の「減
　　気」を介在させる見解をとる．
(注10)　雑用の意で使われ，近代以降「ザツエキ」と読まれる「雑役」は，平安時代以来文
　　献に表れる形であるが，しかし近世以前は「ゾウヤク」と読まれることが多いうえに，中
　　近世には「雑多な用務に使う牝馬」の意で使われることも多かった．両者の間に断絶があ
　　るとも考えられるところである．佐藤（1971）参照．

表 5.6 過去に調査が行われたおもな漢語とその時点における正答状況

漢語	調査時期	選択肢	割合
憮然	平成 19 年度	**失望してぼんやりとしている様子**	17.1%
		腹を立てている様子	70.8%
破天荒	平成 20 年度	**だれも成し得なかったことをすること**	16.9%
		豪快で大胆な様子	64.2%
姑息	平成 22 年度	**一時しのぎ**	15.0%
		ひきょうな	70.9%
号泣	平成 22 年度	**大声を上げて泣く**	34.1%
		激しく泣く	48.3%
失笑	平成 23 年度	**こらえ切れず吹き出して笑う**	27.7%
		笑いも出ないくらいあきれる	60.4%
割愛	平成 23 年度	**惜しいと思うものを手放す**	17.6%
		不必要なものを切り捨てる	65.1%

ことがある[注11].

　若年層に限らず，故事に由来するなどの伝統的な漢語についても，原義とのつながりが忘れられた結果，独自の展開をたどることが少なくない．たとえば「助長」という漢語は，苗を引っ張って成長を早めようとした結果，枯らしてしまったという『孟子』の故事に由来するもので，本来は，余計なことをして「悪い傾向を一層強くさせること（新明解）」の意で使われる漢語であった．ところが「助」「長」いずれの字もあまり悪い印象を伴わないためか，むしろよい意味で「何らかの手段を講じて能力などを高くさせる（新明解）」という用法が現れるにいたった．

　このような意味の変化ないし誤用は教育行政の場でもしばしば意識されるところで，文化庁が毎年行っている「国語に関する世論調査」では，「慣用句等の意味について」などの項目の中でも取りあげられている．過去に調査が行われたおもな漢語と，その時点における正答状況をあげる（表 5.6. **太字**で示したものが，本来の用法である）．表記など，一部改変した箇所がある．

　掲出した語のうち「憮然」「姑息」に関しては，2003（平成 15）年度にも一

（注11）　北原保雄編著『続弾！　問題な日本語』（大修館書店，2005）による．

度調査が行われていて，これによると「憮然」を「失望してぼんやりとしている様子」とした回答者は16.1%，「姑息」を「一時しのぎ」とした回答者は12.5%であった．いずれも過去に比べて正答率が上がっているのは，マスコミで取り上げられるなどした結果，是正が進んだためかと考えられる．

　漢語が，方言の一つとして独自の歩みを始める場合もある．関西若年層の間では，「ショーミ（正味）」が「実質的な内容」という本義から離れ，「本当のところ」「正直に言うと」などといった意味で副詞的に使用されている事例も報告されている^(注12).「ショーミ眠たい」「ショーミ，私にはどちらでもいい話だ」などであり，これなども「正味」に新たな意味・用法が付与された例と考えることができよう．

　最後に，山田（1980）で述べられている，漢語の歴史的研究の要点を掲げ，本節を締めくくりたい．

　　一．漢字・漢語は時代によって，国語の中における意義が異なること．

　　二．漢字の字面に纏綿する権威とその濫用の意義は，言語生活の実際にあたって，実践者としても，又研究者としても十分認識しておくべきこと．

　　三．古辞書等の例はなるべく同類を求めた上でなければ直ちにもつて資料とするのは危険であること．

　　四．日本語研究上の文字の領域は，単純に表記の手段としてのそれにとどまるべきではなく，又，漢字の場合特に形・音・義三要素をばらばらに体系づけるのみでは不十分であること．

　　五．漢語研究は一般論に先立って，個別的な考察を要求してゐること．

演　習

　課題5.1　「奇特（例：彼は奇特な人だ．）」という言葉の意味は，「（ア）優れて他と違って感心なこと」か「（イ）奇妙で珍しいこと」のどちらだろうか．なお2002（平成14）年度の文化庁の調査によると，（ア）と答えたのは49.9%，（イ）は25.2%であった．

　★**課題5.2**　「醍醐味」という漢語は，元々は仏典にみられる語であるが，今日では

───────────────

（注12）　高木（2009）参照．

本義からは変化した意味で用いられている．元々はどういう意味で，どのような意味変化を遂げたのか，調べてみよう．

5.6 中国の字音語^(注13)

5.6.1 「漢語」の概念

日本語における漢語は語種の一区分であるのに対し，多民族国家として，多くの言語が存在する中国では，「漢語」は漢民族が母語である言葉を自称する用語にあたる．日本語で「中国語」と呼ばれているが，この言い方は中国には存在しない．「漢語」話者は世界で15億人もいるとされ，それぞれの国や地域，または立場の違いから，「漢語」は「華語，中国話，中文，国語」と呼ばれている．中国において，「漢語」は通常「普通話」と言われる．文法概念として単語を意味するときは，少数民族言語と比較する場合を除いて，通常「詞」や「詞語」で表現されることが多い．また，日本語研究書の中国語訳では，漢語には「漢字詞」の訳が多用されているようである．次の表5.7でみれば，「漢」が付く日本語にあたる中国語表現に「漢」の字が少なく，時代区分や洋の東西を思わせる表現が多いことがわかる．

言語の基本構造として，語が優先されるユーラシア言語に対し，中国語では，それぞれの漢字が意味をもつため，「字」が優先される特徴があると指摘されている^(注14)．古典中国語において，この特徴は顕著に表れ，助詞，助動詞または感嘆詞などの助辞を除けば，1字で1語として成立することが多い．なかでも，動詞や形容詞の場合，1字で句を成すケースも少なくない．五言絶句，七言絶句などのように，少ない文字でもスケールの大きい漢詩が成り立つゆえんであろう．現代でもこの特徴が受け継がれ，「天」「地」「気」などのように，1字だけで語の意味を成す．また，「走」（帰る）「美」（美しい）のように，1字で句として認められるのである．

2つまたは2つ以上の漢字が常に組み合わさった形で使用されると，新しい

（注13）　この節において，日本語に存在しない中国語漢語を対象外にしている．

（注14）　趙元任「中国語における語の概念，構造及びリズム」（1975年），『中国現代言語学の開拓と発展　趙元任言語学論文選』p.231-248を参照，清華大学出版社，1992年．

表 5.7

日本語表現	中国語表現
漢語	詞，詞語，漢字詞
漢字	字，漢字
漢文	古文，文言文
漢詩	古詩詞，詩詞
漢籍	古籍，典籍
漢方医	中医
漢方薬	中薬

語として認められるようになる．例えば，「天地」「天空」「天気」「地気」のように，意味が逆のもの，類似するもの，あるいは修飾関係にあるものが新しい語彙として成立する．音節でいえば1字が1音節になるが，偶数の音節が好まれるため，中国語においては二字語が圧倒的に多い．中国で最もよく利用される辞書である『現代漢語詞典』（第7版，2016年）に収録された7万近い見出し語のうち，二字語は7割近くを示している．

　3字以上からなる語のうち，認知度の高いものはイディオムとして成立するものが多い．中国語では「成語」というが，三字から八字まで，字数がまちまちである．字数が多いだけに，よりまとまった意味を表すことになる．例えば，三字成語には「下馬威」「座右銘」「白日夢」，五字成語には「天下無難事」「桃李満天下」「快刀斬乱麻」，六字には「五十歩笑百歩」「天有不測風雲」，七字には「是可忍，孰不可忍」，八字には「桃李不言，下自成蹊」などがあげられる．当然，四字語のものが最も多い．4音節からなり，2音節よりも安定感があるためと考えられよう．なかには，「温故知新」「四面楚歌」「単刀直入」のように，熟語として使用され，日本語に伝わったものも少なくない．また，ごく少数であるが，九字から十二字のものまでみられる．九字には「氷凍三尺，非一日之寒」，十字には「路遥知馬力，日久見人心」，十一字には「以其人之道，還治其人之身」，十二字には「只許州官放火，不許百姓点灯」などがあげられよう．字数が長いほど句に見えるが，成語として使用されることが多い．

　上記のように，7字以上の成語に句読点が打たれているが，これは現代中国語の習慣である．本来，漢文資料において，本文に句読点が使用されないため，語の切れ目や単位の判断が難しく，漢文知識を十分習得していないと中国人で

も正確にとらえることができない．そればかりか，専門家ですら間違えることがあり，新漢語研究の妨げに至った事例まであったのである（荒川 2017）．

5.6.2 古典漢語と白話語彙

中国語史の時代区分に関しては,諸説が存在し,定着していない[注15]．便宜上,ここでは，中国語史研究の先駆けである王力教授の分類に従う[注16]．

① 上古期： 紀元3世紀まで

　3, 4世紀は過渡期

② 中古期： 4〜12世紀（南宋前半）

　12, 13世紀は過渡期

③ 近代期： 13〜19世紀（アヘン戦争）

　1840年アヘン戦争から1919年五四運動までは過渡期

④ 現代期： 20世紀から（五四運動以降）

①の上古期は甲骨文字までさかのぼる．これまで判読できた約1000字のうち，名詞が圧倒的に多く，動詞がそれに次ぐ．春秋戦国時代になると，社会の変動が大きく，思想においても諸子百家と呼ばれる思想家たちが登場し，新語の急速な増加がみられ，古典作品に倫理道徳を表す「孝」「徳」「忠」などの語が誕生する．また，1音節の語が圧倒的に多いが，「婚姻」「修飾」「純粋」など，2音節からなる複合語が増加する傾向をみせた．また,西域との貿易から「葡萄」「駱駝」「茉莉」などの外来語が誕生した．

②の中古漢語の時期において，1音節語は依然として増加を続けたが，さらに2音節語の増加が急速化した．語構成としては，修飾関係や並列関係の増加が最も多かった．「情緒」「性質」「意義」など，抽象的な意味を表す語が多く成立した．文章語と口語が著しくかけ離れ，語彙表現も大きく異なるようになった．仏教用語が大量に成立し，「和尚」「袈裟」「羅漢」などの音訳語だけでなく，「高僧」「悪魔」「禅師」などのように，形態素を利用した複合語が多く作り出さ

（注15） これまでの有力説に，王力（1980）『漢語史稿』中華書局（初出は雑誌『中国語文』1963年第3期-1964年第2期），周法高（1966）『論中国語言学的過去，現在和未来』香港中文大学出版，周祖謨（1980）「漢語発展的歴史」『中国語文研究』創刊号・香港中文大学中国文化研究所，趙振鐸（2000）『中国語言学史』河北教育出版社などがあげられる．

（注16） 王力（1980）『漢語史稿』中華書局，p.35.

れた．さらに，仏典の翻訳に「世界」「真理」「平等」などの意訳語が考案され，日常語にもなっていった．

③の近代期において，戯曲や小説など，さまざまな白話作品が世に送り出された．『水滸伝』や『西遊記』に代表される白話小説は庶民に親しまれ，白話語彙と呼ばれる多くの口語が成立し，定着するようになった．元や清の時代に，数少ないが，中国語に浸透するモンゴル語や満州語がみられたが，それよりも，中国に渡った西洋人宣教師の造語活動が目立った．明末のイエズス会宣教師と中国人知識人が協力して作った科学用語，「地球」「算数」「面積」「透視」などが現在でも使用されている．一方，清末にやってきたプロテスタント宣教師も新聞や雑誌の発行，辞書編纂，著訳書の刊行を通じて，新語を世に送った．「国会」「化学」「銀行」などがそれである．

上記の三つの時期において，中国で成立した漢語が日本に渡り，日本語の一部になったものが多いのに対し，④の現代期に入る直前にはまったく異なった様相を呈した．

5.6.3　日本語から借用した漢語

日清戦争後，いち早く西洋知識を習得するため，多くの若者が官費留学生として日本に送り出された．その人数の何倍もの私費留学生も日本に殺到した．彼らの手によって，翻訳書（日本語からの翻訳，重訳），教科書類（その多くは日本の教科書の粗悪な直訳もの）が数多く出版され，日本製の訳語が徐々に社会全体に浸透していく．日本語流入のピークは，留学生たちが本格的に翻訳活動を介した 1900 年からの 10 年間と考えられる[注17]．

現代中国語に入った日本出自の漢語について，おもに次のような分類ができる．

(1) 民主，共和，革命，社会，経済，関係，影響
(2) 哲学，命題，抽象，主観，客観，肯定，否定
(3) 手続，取締，引渡，見習，場合，場所

(注17)　沈国威（2008）「漢字文化圏における近代西洋新概念の受容・交流・共有・異化に関する研究」，JFE 21 世紀財団の研究報告による。なお，5.6.3 項の内容はこの報告に負うところが大きい。

（1）は，中国の古典にみられる語であるが，幕末・明治初期以降，日本において西洋伝来の新しい概念が付与されたものであり，既成の語形に新しい概念を結合させたいわゆる転用語にあたる．

（2）は，幕末・明治初期以降，日本人によって新語，訳語として考案されたものである．中国語に流入した日本語語彙の大部分がこのタイプに属する．

（3）は，訓読される日本の固有語であるが（「場所」のような混種語もある），漢字語形のまま，中国語に移入されたものである．語数は（1），（2）よりはるかに少ない．これらの語は，西洋伝来の新概念の担い手，あるいは西洋的な文脈（たとえば，法律の文言の「手続」「取締」「引渡」など）における用語として中国に伝わったものである．

また，接尾辞の「—性」「—化」「—観」「—主義」なども現代中国語に多用されていることも忘れてはならないだろう．

1919 年の五四運動以降，高度な，また特殊な専門用語のほかに，社会主義運動の革命語彙，文学用語，時事語が引き続き伝来し，また，すでに入ってきていた語も，中国語の語彙体系に融合され，日本語と異なる道を歩み始めた．

5.6.4　同形異義語

本節では日中同形語をおもに取り扱ってきた．しかし，同じ漢字表記でも，意味も同様であるとは限らない．ここでいわゆる同形異義語を，①全く意味の異なるもの（表 5.8），②共通的意味をもつが，中国語に意味の転化や拡大があるもの（表 5.9），③共通的意味をもつが，日本語に意味の転化や拡大があるもの（表 5.10），④共有する意味もあるが，それぞれにほかの意味があるもの（表5.11）の 4 種類に分類する．

5.6.5　異形同義語

現代の日本語と中国語で意味は同じだが，漢字の語順がまったく逆のもの．日本語の例のみを掲載する．中国語はいずれも逆の語順である．

運搬，期日，脅威，去来，苦痛，講演，後日，呼称，詐欺，施設，賞賛，情熱，白黒，制限，静粛，窃盗，切迫，絶滅，送迎，素朴，短縮，探偵，蓄積，熱狂，年賀，買収，敗戦，兵士，抱擁，補填，水薬，面会，融通，抑圧，乱雑，漏泄

表 5.8 ① 全く意味の異なるもの

案件	事件.
暗算	だまし討ち. ひそかにたくらんで人を殺す, または陥れること.
遠慮	将来のことを深く考えること.
改行	業種をかえること.
外人	家族や親戚以外の「他人」. あるいは, 自分の属する組織や範囲以外の人. 内外の区別の境界線が両語で異なる.
顔色	色. 色彩. 思い知らせる.
覚悟	めざめる, 自覚する.
工夫	何かをするのに要した時間, 暇.
経理	企業の責任者, 社長.
激動	感動する.
結構	構造, 構成.
結束	終わる, 終結する.
検討	本人あるいは部門の思想上, 仕事上, 生活上の欠点と過ちを検査し, 深く反省すること.
工作	仕事, 職業, 働くという意味で, 日本語のようなマイナスのニュアンスはない.
告訴	(人に) 知らせる, 話す.
作風	人の思想, 生活態度をいう.
質問	是非を問いただす (かなり強い意味をもつ).
出世	「世」は俗世間のことで, 「出世」は, 「世に出る」つまり, 生まれる, 「世を出る」つまり, 出家する, の二つの意味がある.
小康	ややゆとりのある, 中流水準の生活.
丈夫	男の配偶者, 妻に対していう夫のこと.
情報	「軍事情報」のように, 国家の機密や安全にかかわる事柄を意味する.
清楚	「はっきりとしている」という形容詞と「わかる」という動詞.
先輩	自分より前の, つまり親の世代のこと.
前年	一昨年.
大丈夫	立派な一人前の男. 古代の漢語の「丈夫」と同じ意味.
打算	～するつもり, ～する予定の意味.
丁寧	よく言いつける, 言い含める, ねんごろに頼む.
手紙	トイレットペーパー.
貧乏	知識や経験などが乏しい, 貧弱である.
節目	演劇, 演奏, 放送などの番組.
下手	手を下す, 着手する, 手助けをする.
放心	気にかけていたことがなくなって, 安心する, 心を落ち着かせる.
補導	学校で授業以外の課外指導や補習のこと.
翻案	ある人に関するそれまでの判決や歴史的な評価を覆して, 新しい決定をくだすこと.
無心	「心」は意図性. わざとしたことではない, なにかをする気が起こらない, という意味.
迷惑	迷う, 迷わせる, 惑わす.
約束	拘束する, 制約する, 取り締まる.
留守	留まって守ること. 軍隊や各種の団体の本体が移動して現地を離れたとき, 少数の人が残ってその留守を守ること.

表 5.9 ② 共通的意味をもつが，中国語に意味の範囲が広いもの

	日本語	中国語
学生	大学生など年齢の高い者をさすことがふつう．	小学生から大学院生まで使う．
傾向	①のみ．	①物事の状態・性質などが全体としてある方向に向かうこと．②一方に傾く．一方を支持する．
下水	①のみ．	① 家庭や工場から捨てられる汚水や廃水および雨水．②豚など家畜の内臓（もつ）．③船が進水する．④悪の道にはいる．⑤布を水につける，などの意味で使う．
研究	①のみ．	①物事を詳しく調べたり，深く考えたりして，事実や真理などを明らかにすること．また，その内容．②検討する，打ち合わせる，考慮する．
失神	①のみ．	①意識を失うこと．②油断すること．
所有	①のみ．	①自分のものとして持っていること．また，そのもの．②すべて，あらゆる．
単位	①②③のみ．	①ものの量をはかるための基準として定められた量．②物事を数値で表す際に，計算の基になるもの．③一定の組織を構成している要素．④政府機関，学校などの部門，また，勤めている職場を指す．
緊張	①②のみ．	①気が張りつめる．緊張する．②忙しい．激しい．緊迫している．③（供給などに）余裕がない．逼迫している．手詰まりである．

表 5.10 ③ 共通的意味をもつが，日本語に意味の範囲が広いもの

	日本語	中国語
会計	①代金の支払い．勘定．②金銭の収支や物品・不動産の増減など財産の変動，または損益の発生を貨幣単位によって記録・計算・整理し，管理および報告する行為．また，これに関する制度．	②のみ．
成長	① （人・動植物が）育って，大きくなること．一人前に成熟すること．大人になること．② 物事の規模が発展して大きくなること．	①のみ．
得意	①ある種の成功を収めて満足している人の気持ち．②「得意なスポーツ，得意な料理」のように上手にできる事柄，「得意先」（ひいきにしてくれる客）のような用法は日本語だけで中国語にはない．	①のみ．
反対	①方向，位置，順序などがさかさま．②二つで一組のものの一方に対する他方．③不賛成である．	③のみ．

表5.11 ④ 共通の意味ももつが，それぞれに他の意味があるもの

	日本語	中国語
収集	集めること．対象の価値は問わず，「ゴミ」なども収集する．	価値のある，有用な対象を集めること．
処置	①その場や状況に応じた判断をし手だてを講じて，物事に始末をつけること．②傷や病気の手当てをすること．	①は日本語と同義．③処罰すること．
場合	①物事が行われているときの状態・事情．局面．②もし，ある事が起こったとき．そうなった折．③〜に関して．〜について言えば．	①は日本語と同義．④場所．
便宜	①その時の都合で臨機の措置をとること．②特別のはからい．	①は日本語と同義．③値段が安い，うまい汁を吸う，得をさせる．

なお，日本語の「言語」は中国語では通常「語言」というが，「言語」も使われる．ほかにも「様式（日）―様式・式様（中）」「材木・木材（日）―木材（中）」などのように，一方の言語では語順が一つだが，もう一方では異なる語順も使えるものがある．

5.6.6　四字熟語

四字熟語でも，同形でも，歴史的視点から双方または片方に変化があったため，同形異義・異形同義の表現になっているものがある．

類似した意味の四字熟語としては「一触即発」「四面楚歌」「隔靴掻痒」などがある．異なる四字熟語として「波瀾万丈」（中国語：書や絵や音楽に起伏があること，日本語：人生の紆余曲折），「天真爛漫」（中国語：子どもの無邪気さだけに使われる，日本語：純粋でナイーブなさま，無邪気），「粒粒辛苦」（中国語：食料の大切なこと，日本語：こつこつと努力を重ねること）などがあげられる．また，日本語はまだ中国古典の本来の姿に近いが，中国語のほうが新しい形に変わったものもみられる．「意気投合」が「意気相投」，「優柔不断」が「優柔寡断」．一方，近代以降，日本語から中国語に入った四字熟語もあり，これについては「一期一会」「一石二鳥」「新陳代謝」があげられよう．

5.7 朝鮮半島の字音語

5.7.1 来源からみた字音語の種類

朝鮮半島に中国の漢字が流入したのは，紀元前2世紀ごろであった．503年には「新羅（신라 [silla]）」という国号が定められ，使用範囲が少しずつ拡大し，制度・仏教・学術・芸術・生活にまで浸透し定着したものと考えられる[注18]．

韓国語の語彙には固有語（日本の和語にあたる）・漢語（韓国では漢字語という）・外来語および混種語があり，韓国国立国語院が編纂した『標準国語大辞典』(1999年) の見出し語の調査結果によると，合計440,262語のうち，漢語が251,578語 (57.12%)，固有語が111,299語 (25.28%)，外来語が23.196語 (5.26%)，その他54,091語 (12.34%) の割合で，漢語が占める比重は大きいものといえる[注19]．

韓国語における漢語は，日本語の漢語と同様，教養語としての性格が強い．ゆえに抽象的意味の概念語・高度の文化が背景にある思考や行動を表す語・学術語彙・専門用語が多く，それらは改まった場面で使用される傾向がある[注20]．

韓国における漢語は，1字または2字以上の漢字の結合によってなり[注21]，韓国語で使用される韓国式漢字音で読まれる字音語である[注22]．韓国式漢字音

(注18) 韓国語漢字の字体は，いわゆる旧字体（康熙字典による正体字）が用いられているが，本書の本文では，便宜上，日本の新字体を使う．

(注19) 정호성 (2000)「『표준국어대사전』수록 정보의 통계적 분석 (『標準国語大辞典』収録情報の統計的分析)」『새국어생활』10-1.

(注20) 韓国語において漢語は基本的に名詞であり，漢語を用言化するには，一般的には「する」にあたる接尾辞「하다 [hada]」を付ける．「하다」が動作を表す漢語に付けば動詞（活用 [活用] 하다）となり，状態を表す漢語に付けば形容詞（관대 [寛大] 하다））となる．また，「亦是（역시，やはり）・果然（과연，はたして）・万若（만약，万一）・設令（설령，たとえ）・仮令（가령，かりに）・都大体（도대체，いったい）・左右之間（좌우지간，とにかく）」といった漢語による副詞も多い．

(注21) 訓読みにする語はなく，2字が一般的で3字・4字のものもある．1字語には「山（산）・江（강）・冊（책）・運（운）・善（선）・悪（악）」などがある．

(注22) 読み方が異なる場合もある．例：茶房（다 [da] 방）：紅茶（홍차 [cha]），音楽（음악 [ak]）：娯楽（오락 [rak]），不当（부 [pu] 당）：不合理（불 [pul] 합리），悪魔

は原則的に1字1音節であり，ハングルのみの表記にしても字数は変わらない．また，現代では原則として漢字を使うことは少ない．

　朝鮮半島における漢語には，①中国から入ってきたもの，②日本から入ってきたもの，③韓国で作られたものの3種類がある．

　①　中国から入ってきたもの

　中国から入ってきた字音語は，古典や経典に由来するもの（文物とともに入ってきたものも含む）と，白話系の漢語から借用したものとがある[注23]．

▶　古典からの漢語：天下（천하）　結婚（결혼）　家庭（가정）　改造（개조）　救援（구원）　学問（학문）　歌舞（가무）　家訓（가훈）　君子（군자）　聖人（성인）　匹夫（필부）　四面楚歌（사면초가）　漁夫之利（어부지리）　賢母良妻（현모양처）

▶　経典からの漢語：功徳（공덕）　西方（서방）　如来（여래）　生死（생사）　法界（법계）　衆生（중생）　苦行（고행）　千手観音（천수관음）　一切（일절）　慈悲（자비）　破戒（파계）[注24]

▶　白話系の漢語：木綿（무명）　白菜（배추）　工夫（공부）　当身（당신）　沙鉢（사발）　諜者（첩자）　飯饌（반찬）　男便（남편）　休紙（휴지）　按酒（안주）　姨母（이모）　姑母（고모）[注25]

　②　日本から入ってきたもの

　近代開化期以降に日本語から多くの漢語が韓国語に流入し，植民地期に定着した．日本語由来の漢語は，いわゆる「和製漢語」および「訓読み熟語」を韓国漢字音で発音したものである．この時期に流入した日本の漢語は，現代にまで用いられているものも多数ある（表5.12）．

　③　韓国で作られたもの

　漢字を組み合わせて作った韓国独自の造語であり，中国語や日本語に同一の

（악 [ak] 마）：憎悪（증오 [o]）

（注23）　中国語の漢語の採り方には，①原文を韓国語語彙で訳したもの（植物→초목：草木，数学→산학：算学），②中国語の原文に修正を加えて訳したもの（公法→만국공법：万国公法，火輪船→기선：汽船），③中国語彙を韓国の漢字音で音読みしたもの（鉄路→텰로，西班牙→서반아）がある．

（注24）　仏教用語は漢語の形で流入はしたが，「利那（찰나），阿修羅場（아수라장），奈落（나락），乾達（건달），三昧（삼매）」といった梵語も含まれている．

（注25）　韓国固有の語彙として認識される場合が多い．

漢語は存在しない．漢字による韓国語の表記である「吏讀（イドゥ）語彙」や，地名・人名・官職名[注26]，または表意文字である漢字の連結，接尾辞の付加，韓国語と似ている音の借用などの方法による造語がある．

▶　吏讀語彙：賭地（토지）　磨勘（마감）　物主（물주）　奉足（봉족）[注27]
▶　固有の造語：田畓（전 답）　媤宅（시댁）　伝喝（전 갈）　徳談（덕담）　酬酢（수작）　三巨利（삼거리）　冬将軍（동 장 군）　百年佳約（백년가약）　二八青春（이 팔 청춘）　層層侍下（층층시하）[注28]

韓国語における漢語は，通常ハングルのみで表記されているが，同音異義語が多く，意味の把握が難しい場合がある[注29]．また，固有語に比べ意味が細分化されており，文化的・専門的な語が多い点[注30]，縮約によって略語が作られやすい点は，日本の漢語の場合と同様である[注31]（→ 3.6 節参照）．

5.7.2　日本語からの借用語

韓国の漢字文化は，中国からの絶え間ない影響のもとに発展してきた．近代の開化期以前には日本の和製漢語からの影響はほとんどなく，日本と韓国は互いに独立して中国の漢字文化を受け継ぎ，変容させた．鎖国をしていた韓国は，日朝修好条規の締結（1876年）をきっかけに，アメリカ・イギリス・フランス・ドイツ・ロシアとも条約を締結し，日本公館があった釜山以外に元山・仁川も

（注26）　登山串（등산곶），暗林串（암림곶）・怒夫（놀부），康釗（강쇠）・政丞（정 승），令監（영감），上監（상감）など．
（注27）　賭地（小作地）・磨勘（官吏の成績をつける制度）・物主（資本主，胴取り）・奉足（そばで手伝う人）
（注28）　田畓（田畑）・媤宅（夫の実家）・伝喝（伝言）・徳談（相手の幸せや成功を祈ることば）・酬酢（おびき寄せの手段やことば）・三巨利（三叉路）・冬将軍（酷寒）・百年佳約（夫婦のちぎり）・二八青春（16歳前後の若人）・層層侍下（父母・祖父母が共に同居しておりかしずくべき人が多いこと）．「畓」は「水田」，「媤」は「夫の家」の意の韓国製漢字（国字）である．
（注29）　「경 사」［傾斜 京司 京師 経師 経糸 傾瀉 勁士 到死 経史 驚事 鏡写 競射 敬事 警査 慶事］など．
（注30）　「꾸미다（飾る）」を漢語にすると「治装하다・美化하다・丹粧하다・化粧하다・装飾하다・修飾하다・操作하다・偽造하다・仮装하다・偽装하다・変装하다・扮装하다」などに表現できる．
（注31）　「全教組（全国教職員労働組合）・全大協（全国大学生代表者協議会）・科技部（科学技術部）」

表 5.12　日本語由来の漢語

分　野	漢語の例
法律・機関・官職	三権分立　憲法　民法　刑法　商法　訴訟　民権　裁判所　警察官　署　巡査 観兵式　憲兵　陸軍　海軍　軍艦　艦隊　公使・領事　郵便
経済・社会・政治	財政　工業　工場　企業　統計　会社　売買　運搬　大金　料金　社長　月給 売上　売渡　貸出　貸付　貯金　貯蓄　見積　差押　差出　下請　支払　不渡 品切　残高　輸出　株式会社　社会　労働者[＊]　団体　博覧会　印刷　文明 民主　組織　総務　進歩　商標　会議　個人　保険　宗教　近代　建築　都心 施設　平和　寄付　主催　滞在　政治　共和国　下院　大統領　内閣　独立 鎖国　演説　維新　議員　自由　帝国　合衆国
科学・天文・地理	科学　空気　反射　自然　世界　進化論　植物　炭素　顕微鏡　炭水化物　爆弾 分子　神経　衛星　速力　元素
学術・教育・芸術	文学　哲学　理学　心理学　美学　工学　倫理学　言語学　政治学　命題　演繹 帰納　物理　中学校　大学　共学　演習　図書館　同級生　弟子　卒業　後輩 休講　生徒　美術　博物館
生活・文物	文化　生活費　握手　衛生　世紀　月曜日　日曜日　野球　水泳　社説　新聞 雑誌　今週　時間　西暦　水蒸気　汽船　鉄道　待合室　飛行機　停留場　電線 電話　出版　印刷　急行　自動車　水道　建物　年賀状　葉書　鉛筆　牛乳　磁 石　時計　寝台　万年筆　生薬　場所　洗濯　食器　食事　食卓　屋上　玄関 下宿　運転手　恋愛　新婚旅行　悲劇　映画　倶楽部　自宅　医師　看護　身分
その他	紳士　間接　東洋　西洋　常識　鉱山　良識　歓談　存在　黒人　出口　白人 名作　紹介　冒険　探検　自主　短縮　運命　要因　特定　帰国　未熟　密接 乱暴　感銘　苦痛　不信　没頭　無関心　無関係　無礼　確率　出生率　抽象 主観　客観　肯定　素朴　殺到　余裕　適切　興味　新規　遂行　順位　配偶者 不動産　論理的　家出　入口　受取　埋立　見習　見本　路肩　呼出　割引

＊　韓国では「動」の字を用いる.

開港した. これで朝鮮半島にはいまだ接したことのない新たな文物が一気に押し寄せることとなる.

　近代における西洋式の新たな概念や事物は, 原語のままでは抵抗があったため, 漢語で表わすことで抵抗を減らしたものとみられる. 特に, 近代化に向けて起きた甲午改革^(注32)のあとには, 日本の官制や制度を受け入れた. また, 修信使や留学生により記録・新聞・啓蒙書・文学の翻訳書などに日本の漢語（和製漢語）が紹介され^(注33), 植民地時代には, 日本語由来の漢語は, 法律・経済・

（注32）　朝鮮で 1894〜1896 年にかけて行われた急進的近代化改革.

（注33）　見聞録や日記には『日東記遊』（1876, 金綺秀）・『修信使日記』（1880, 金弘集）『日槎集略』（1881, 李鑣永）, 近代的な新聞には『漢城旬報』（1883〜1886）・『漢城週報』（1886〜1888）・『独立新聞』（1886〜1889）があり, 啓蒙書には『西遊見聞』（1895, 兪吉濬）な

政治・芸術・科学・社会・教育・学術・制度・天文・地理・生活の諸分野にわたって朝鮮半島で使用されることとなる.

5.7.3　同形異義語

　韓国と日本における漢語には，両者ともに中国語を借用したことと，韓国語が日本語を多く受け入れたことから同形漢語が数多く存在しており，それらの意味においてもほぼ同義的に用いられる場合が多い．しかしなかには，それぞれの歴史的・社会的事情や変化などによって，本来の意味に変化や転用が起き，結果として相違やずれが生じたものもある[注34]．同じ漢字で表記され，異なる語義を持つ「同形異義語」は，①両国間でまったく意味が異なるもの，②共通的意味をもつが，韓国語において意味の転化や拡大があるもの，③共通的意味をもつが，日本語において意味の転化や拡大があるもの，④共有する意味もあるが，それぞれに他の意味があるもの，の４種類に分類できる.

　①　両国間でまったく意味が異なるもの

　同形の漢字で表記されるが共有する意味がないもので，誤解や誤用を招きやすい．韓国語の意味も示しておく.

【愛人】애인 人間を大切なものと考えること. 恋人.
【議論】의논 相談. 談合. 話し合い.
【景況】경황 精神的・時間的余裕や都合.
【穀食】곡식 穀物. 米・麦・きび・もろこしなど人の食糧.
【工夫】공부 学問や技術を習ったり覚えたりすること. 勉強. 学習.
【沙汰】사태 ①地すべり. 雪崩れ. 山崩れ. 土砂崩れ. ②人や品物が一度にどっとなだれ込むこと.
【砂糖】사탕 飴玉. ドロップ. キャンディ.
【在所者】재소자 ①あるところに居る者. ②在監者, 囚人.
【自慢】자만 自ら高ぶって満足に思うこと. うぬぼれ.
【秋夕】추석 韓国で行われる, 一年の豊作を祈り, 先祖に感謝する行事.

どがある.

(注34)　日韓両国語の同形漢語に異義が生じている要因として，文化や社会的な違い，意味の拡大と縮小，具体化と抽象化，ニュアンスの相違，文法的な働きの相違，本義と転義の相違があるとされる（曹喜澈（1991）「日韓同形漢語の語義・用法の相違」『日本近代語研究 1』近代語研究会).

【丈夫】チャンブ 장부	①ますらお，一人前の男子．②立派な男子，偉丈夫．
【生鮮】センソン 생선	魚類の総称．さかな．
【書房】ソバン 서방	①夫，亭主．②かつて，官職のない人の名字の後につけて呼んだ語．③名字の後につけて，婿を呼ぶ語．
【大学校】デハッギョ 대학교	単科大学（College）と総合大学（University）を区別し，総合大学を示す．
【多幸】タヘン 다행	意外にも物事がいい方向に進み幸いなこと．幸運．
【丁寧】チョンニョン 정녕	［副詞］間違いなく．きっと．必ず．
【徳分】トクブン 덕분	他人から受けた助力や親切に対して感謝の意をこめていう語．
【八字】パルジャ 팔자	持って生まれた一生の運．運勢．運命．
【平生】ピョンセン 평생	一生．生涯．
【放学】パンハク 방학	夏休み，冬休み．
【放心】パンシム 방심	油断・放念．
【病身】ピョンシン 병신	身体のある部分が健全でなかったり，奇形的な人．身体障がい者．
【迷惑】ミホク 미혹	精神的まどい．迷い．
【洋服】ヤンボク 양복	背広．スーツ．

②　共通の意味をもつが，韓国語において意味の範囲が広いもの

両国語の意味の重なりと異なりを調べ，韓国語の意味の範囲が広いものを紹介する．**太字**の箇所が韓国語限定の語義である．

【飲料水】ウムニョス 음료수	①飲むための水．のみみず．②**ソーダ水・サイダー・ジュースなど，アルコール分のない飲料の総称**．
【大口】テグ 대구	①大きな口．大きく開いた口．②偉そうなことを言うこと．③売買や取引の，金額や数量の多いもの．④**魚，タラ（鱈）**．
【華麗】ファリョ 화려	①はなやかで美しいもの・こと．②**度をこえてぜいたくなこと．身分不相応に飾ること**．
【去来】コレ 거래	①去ることと来ること．行ったり来たりすること．②**交渉．取引**．
【高地】コジ 고지	①標高の高い土地．また，周囲より高い土地．②**決めた目標．それにいたる段階**．③**戦略的に有利で高いところの陣地**．
【材木】チェモク 재목	①建築物や家具などの材料とする木．普通，板や角材に製材されたものをいう．②**ある職分にふさわしい人材**．
【座席】ジャソク 좌석	①座る席．座る場所．②**多くの人が集まるところ**．

【事情】 사정 ①物事の状態. ②物事の表面からはわからない背景や周辺の状態. ③頼み. お願い.

【水族館】 수족관 ①各種の水生生物を飼育し，その展示を社会教育と娯楽に役立てる施設. ②**水槽**.

【絶壁】 절벽 ①切り立った崖. 懸崖. ②**まったく耳の聞こえないこと. また，そういう人の卑称. ③分からずやをさげすんで言う語. ④事情にとても暗いことを比喩的にいう語.**

【是非】 시비 ①よしあし. ②**言い争い, いさかい.**

【同生】 동생 ①同じ父母から生まれること，また，その生まれた者. きょうだい. ②**目下の呼び名.**

【湯】 탕 ①風呂や温泉などの浴場. ②薬湯, 煎薬, 煎じ薬. ③**汁物.**

【抑鬱】 억울 ①抑制されて重苦しい. ②**（ぬれぎぬを着せられて）悔しくて胸がふさがる.**

③ 共通の意味をもつが，日本語において意味の範囲が広いもの

韓国語の漢語と重なる意味もあるが，日本語に意味の拡大がみられる語彙を示す. 日本語の漢語は読み方によって意味が区別されることもある. **太字の箇所が日本語限定の語義である.**

【加減】 가감 ①加えることと減らすこと. 数学で, 加法と減法. ② **適度に調節すること. 程よくすること. ③ 物事の状態・程度. 物のぐあい. ④からだのぐあい. 健康状態.**

【家内】 가내 ①家のなか. また, 家族. ②**自分の妻をさす語.**

【観念】 관념 ①物事について抱く考えや意識. ②**あきらめること. 覚悟すること.**

【宣伝】 선전 ①商品の効能や主義・主張などに対する理解・賛同を求めて, 広く伝え知らせること. ②**事実以上に, また, 事実を曲げて言いふらすこと.**

【内面】 내면 ［ないめん］①物事の内側. 外側からは見えない部分. 内部. ②精神・心理に関する方面.
［うちづら］**家族や内輪の人に見せる顔つきや態度.**

【能力】 능력 ［のうりょく］①物事を成し遂げることのできる力. ②法律上, 一定の事柄について要求される人の資格.
［のうりき］**寺で力仕事をする下級の僧. また, 寺男.**

【会計】 회계 ①代金の支払い. 勘定. ②金銭の収支や物品.

【心中】심중 　①心の中．胸中．内心．②**相愛の男女が合意のうえで一緒に
　　　　　死ぬこと．情死**．③複数の者が一緒に死ぬこと．合意なしに
　　　　　相手を道連れにして死ぬ場合にもいう．④ある物事と運命を
　　　　　ともにすること．

【多情】다정 　①情が深くて，感じやすいこと．また，そのさま．②**異性に
　　　　　対する心が移りやすいこと．また，そのさま．移り気**．

【大丈夫】대장부 ①あぶなげがなく安心できるさま．強くてしっかりしている
　　　　　さま．②まちがいがなくて確かなさま．③**りっぱな男子．ま
　　　　　すらお．偉丈夫**．

【皮肉】피육 　①皮と肉．転じて，からだ．②骨や髄まで達しないところ．
　　　　　表面．うわべ．③**相手の欠点や弱点を意地悪く遠まわしに非
　　　　　難すること．④予想や期待に反し，思い通りにいかないこと**．

【人気】인기 　[じんき]①その地域の人々の気風．にんき．②人々の受け
　　　　　取りよう．気受け．評判．にんき．③群集した人々の熱気．
　　　　　また，人々の気配．
　　　　　[にんき]①人々の気受け．世間一般の評判．②その土地の人々
　　　　　の気風．じんき．③**株式市場で，投資家の間に広がる，ある
　　　　　銘柄の評判**．④人間の意気．じんき．
　　　　　[ひとけ]①人のいるようす．人の気配．ひとっけ．②人間
　　　　　らしいこと．人並み．

④　共通の意味ももつがそれぞれにほかの意味があるもの

　日韓ともに重なる意味をもつものもあれば，それぞれ異なる意味ももってい
る漢語とその意味を表5.13に示す．**太字**の箇所が各国語に限定される語義で
ある．

5.7.4　異形同義語

　中国や日本から借用され，韓国語として定着した漢語は，他の文化もそうで
あるように，相互に交流し流転を続けるものとみられる．5.7.3項で示したよ
うに，漢語の中には日本語と共通するものもあれば，同形で意味の異なる語彙
もある．同形の漢語であっても意味の受け止め方が一致するとは限らず，必要
に応じた転用が起こるのは当然といえる．その一方で，ほぼ同じ内容が，異な

表 5.13　共通の意味と各々の意味のどちらももつ漢語

漢語	日本語の意味	韓国語の意味
当代 タンデ 당대	①今の時代．現代．当世． ②その時代．その当時． ③今の当主．今の主人． ④今の天子．今の天皇．今上．当帝．	①今の時代．現代．当世． ②その時代．その当時． ③人の生涯．
世上 サン 세상	①世の中．世間． ②まわりの世界．あたり．近辺．	①世の中．世間． ②人が生まれて死ぬまでの時間． ③個人や団体が自由に活動できる時間や空間 ［副］④とても．たいへん． ⑤少しも．まったく．
眼目 アンモク 안목	①物事のたいせつな点．主要な目的．要点． 　主眼． ②目．まなこ．	①物事のたいせつな点．主要な目的．要点． 　主眼． ②眼識．よしあしを見分ける能力．
外面 ウェミョン 외 면	［がいめん］①物体の外側の面． ②外に表れたようす．うわべ． ［げめん］①物の表面．外側． ②外に表れたようす．うわべ．外見． ［そとづら］①外部の人と接するときの態度・ 　顔つき． ②外に向いた面．がいめん． ［そとも］①山の，日の当たらない面．物の 　背面．裏手．また，北．	①物体の外側の面． ②外に表れたようす．うわべ． ③外部の人と接するときの態度・顔つき． ④外に向いた面． ⑤そっぽを向くこと． ⑥顔を背けること． ⑦無視（度外視）すること．
人事 インサ 인사	［じんじ］①人間に関する事柄． ②人としてなしうる事柄．人としてすべき事 　柄． ③個人の地位・職務・能力などに関する事柄． ④「人事異動」の略． ⑤人間社会における出来事． ⑥人としての知覚や感覚．意識． ［ひとごと］①自分に関係ない事．他人に関 　する事．たにんごと．	①人間に関する事柄． ②人としてなしうる事柄． ③個人の地位・職務・能力などに関する事柄． ④「人事異動」の略． ⑤人間社会における出来事． ⑥人とあったときの儀礼的な動作，言葉．会 　釈．お辞儀． ⑦初対面の人どうしが名乗りを交わすこと．
波長 パジャン 파 장	①波動の山と山，また谷と谷の距離．位相の 　同じ二つの点の間の距離． ②互いの気持ちや意思などの通じぐあい．	①波動の山と山，また谷と谷の距離．位相の 　同じ二つの点の間の距離． ②出来事などが及ぼす影響やその度合い．

る語形で表わされることもある^(注35)．ここでは，日本語における漢字表記語（字音語および和語）と韓国語における字音語のうち，異なる語形ではあるが，同

(注35)　「威脅（脅威）・約婚（婚約）・賢母良妻（良妻賢母）・碑石（石碑）」のように，字
　　　順が逆の語彙もある．

表5.14　異形同義語

相対 (サンデ) (상대)	相手	雨備 (ウビ) (우비)	雨具	居室 (コシル) (거실)	居間
背信 (ペシン) (배신)	裏切り	逍風 (ソプン) (소풍)	遠足	辞讓 (サヤン) (사양)	遠慮
接受 (チョプス) (접수)	受付	膳物 (ソンムル) (선물)	贈り物	三寸 (サムチォン) (삼촌)	叔父
登記 (トンギ) (등기)	書留	感気 (カムギ) (감기)	風邪	職銜 (チクハム) (직함)	肩書き
郵票 (ウピョ) (우표)	切手	洋襪 (ヤンマル) (양말)	靴下	苦生 (コセン) (고생)	苦労
妓生 (キセン) (기생)	芸者	求景 (クギョン) (구경)	見物	相思病 (サンサビョン) (상사병)	恋煩い
丹楓 (タンプン) (단풍)	紅葉	手票 (スピョ) (수표)	小切手	漆板 (チルパン) (칠판)	黒板
食単 (シクダン) (식단)	献立	盞 (チャン) (잔)	杯	按酒 (アンジュ) (안주)	肴
膾 (フェ) (회)	刺身	雪糖 (ソルタン) (설탕)	砂糖	土卵 (トラン) (토란)	里芋
垈地 (テジ) (대지)	敷地	内衣 (ネウィ) (내의)	下着	念珠 (ヨムジュ) (염주)	数珠
次例 (チャレ) (차례)	順番	理髪 (イバル) (이발)	散髪	片紙 (ピョンジ) (편지)	手紙
掌匣 (チャンカプ) (장갑)	手袋	動映像 (トンヨンサン) (동영상)	動画	親旧 (チング) (친구)	友達
図章 (トジャン) (도장)	判子	人品 (インプム) (인품)	人柄	美国 (ミグク) (미국)	米国
内外 (ネウェ) (내외)	夫婦	房 (パン) (방)	部屋	冊 (チェク) (책)	本
長斫 (チャンジャク) (장작)	薪	巫堂 (ムダン) (무당)	巫女	名銜 (ミョンハム) (명함)	名刺
酒煎子 (チュジョンジャ) (주전자)	薬缶	操心 (チョシム) (조심)	用心	複道 (ポクド) (복도)	廊下

義語と目されるものを表5.14に示す.

　異形同義語の中には，韓国語・日本語それぞれの独自の語が多く含まれている．韓国語の字音語の漢字表記には，字義に基づいたものと，字義とは関係なく，韓国語の音と似ている漢字の音のみを借用して漢字表記にしたものがある[注36]．字義に基づいている場合には比較的意味把握が容易であるが，漢字音のみを借用した場合には，意味の把握も容易ではなく，漢字の表記があったという意識すらも希薄である．

(注36)　「舌盒 (ソラプ) (서랍)・閣氏 (カクシ) (각시)・作乱 (チャンナン) (장난)・生覚 (センガク) (생각)・道令 (トリョン) (도령)・波多 (パダ) (바다)・受苦 (スゴ) (수고)」

参 考 文 献

【1章】

荒尾禎秀（1982）「唐話辞書の語彙」（飛田良文・佐藤武義編（2002）『講座日本語学5』明治書院所収）

荒尾禎秀（1987）「白話小説翻訳本の漢字とことば」佐藤喜代治編『漢字講座7』明治書院

荒川清秀（1997）『近代日中学術用語の形成と伝播』白帝社

荒川清秀（2007）「「電」のつくことば―「電話」を中心に」内田慶市・沈　国威編『19世紀中国語の諸相』雄松堂出版

石崎又造（1940）『近世日本に於ける支那俗語文学史』清水弘文堂（再刊1967）

遠藤好英（1996）「外来語の漢字表記一覧」佐藤喜代治ほか編『漢字百科大事典』明治書院

奥村佳代子（2007a）『江戸時代の唐話に関する基礎研究』関西大学出版部

奥村佳代子（2007b）「江戸時代の「唐話世界」―唐通事の唐話と岡島冠山の「唐話」―」内田慶市・沈　国威編『19世紀中国語の諸相』雄松堂出版

小田切文洋（2003）「『西国立志編』の漢語の性格について」『解釈』**49**（11）・（12），584・585

小田切文洋（2004）「「一国の首都」白話語彙考」『融合文化研究』**3**

小田切文洋（2008）『江戸明治唐話用例辞典』笠間書院

小田切文洋（2012）「日本語語彙中に占める唐話語彙の位置について」『国際関係学部研究年報（日本大学）』**33**

片野善一郎（1988）『授業を楽しくする数学用語の由来』明治図書出版

木村秀次（2013）『近代文明と漢語』おうふう

香坂順一（1971）『中国語研究学習双書1　中国語学の基礎知識』光生館

齋藤　静（1967）『日本語に及ぼしたオランダ語の影響』篠崎書林

齋藤　毅（1977）『明治のことば』講談社

佐藤　亨（1983）『近世語彙の研究』桜楓社

佐藤　亨（2007）『現代に生きる幕末・明治初期漢語辞典』明治書院

沈　国威（1994）『近代日中語彙交流史』笠間書院

沈　国威（1999）「訳語「化学」の誕生」『関西大学中国文学会紀要』**20**（沈　国威編著（1999）『六合叢談（1857-58）の学際的研究』白帝社　所収）

沈　国威（2000）「「文明」と「野蛮」の話」『泊園』**39**

朱　鳳（2001）「訳語「銀行」が定着するまでのみちすじ」『日本文化環境論講座紀要』**3**（朱鳳（2009）『モリソンの「華英・英華字典」と東西文化交流』白帝社　所収）

杉本つとむ（1978）『江戸時代蘭語学の成立とその展開 III』早稲田大学出版部

杉本つとむ（1985）『日本英語文化史の研究』八坂書房

杉本つとむ（1987）『解体新書の時代』早稲田大学出版部

鈴木丹士郎（1987）「読本の漢字」『漢字講座7』明治書院

蘇　小楠（2007）「近代日中学術用語の生成及び変遷─化学用語を中心に─」『語彙研究会叢書』
　　　　6

田島　優（1998）『近代漢字表記語の研究』和泉書院

谷口知子（2000）「「望遠鏡」の語誌について」『或問』1

陳　力衛（2001）「三鞭酒・シャンパン・香檳酒」『しにか』10（7）

陳　力衛（2001）『和製漢語の形成とその展開』汲古書院

陳　力衛（2011a）「「新漢語」とはなにか」坂詰力治編『言語変化の分析と理論』おうふう

陳　力衛（2011b）「「民主」と「共和」─近代日中概念の形成とその相互影響─」『成城大学経済
　　　　研究』194

鄭　艶（2013）「日本における「動産・不動産」の定着に関する一考察」『或問』24

中山　茂（1992）「近代西洋科学用語の中日貸借対照表」『科学史研究Ⅱ』31

前田富祺（1996）「梵語の音訳漢字一覧」「仏教における梵語音訳漢語一覧」佐藤喜代治ほか編『漢
　　　　字百科大事典』明治書院

松井利彦（1984）「明治初期の法令用語と造語法」『広島女子大学文学部紀要』19

八耳俊文（1992）「漢訳西学書『博物通書』と「電気」の定着」『青山学院女子短期大学紀要』46

山田孝雄（1940）『国語の中に於ける漢語の研究』宝文館

藁科勝之（1997）「『仏蘭西法律書　刑法』における唐話語彙」『国文学研究（早稲田大学国文学会）』
　　　　123

藁科勝之（2000）「『仏蘭西法律書　刑法』の唐話と近代刑法用語」国語語彙史研究会編『国語語
　　　　彙史の研究19』和泉書院

【2章】

上野和昭（2011）『平曲譜本による近世京都アクセントの史的研究』早稲田大学出版部

江口泰生（1993）「漢語連濁の一視点─貞享版『補忘記』における─」『国語国文』62（12）

遠藤邦基（1998）「連声の表現効果─促音型連声はなぜ少ないか─」『国文学』77（遠藤邦基（2002）
　　　　『読み癖注記の国語史的研究』清文堂　所収）

奥村三雄（1952）「字音の連濁について」『国語国文』21（5）

奥村三雄（1961）「漢語のアクセント」『国語国文』30（1）

奥村三雄（1964）「漢語アクセントの一性格」『国語国文』33（2）

亀井　孝（1959）「懺悔考・女郎考」『国語学』36（亀井　孝（1985）『亀井孝論文集4』吉川弘文
　　　　館　所収）

金田一春彦（1976）「連濁の解」『Sophia Linguistica』2（金田一春彦（2001）『日本語音韻音調史
　　　　の研究』吉川弘文館　所収）

窪薗晴夫（1999）『日本語の音声』岩波書店

小松英雄（1956）「日本字音における唇内入声韻尾の促音化と舌内入声音への合流過程─中世博
　　　　士家訓点資料からの跡付け─」『国語学』25

阪倉篤義（2011）『［増補］日本語の語源』平凡社

高山倫明（1992）「連濁と連声濁」『訓点語と訓点資料』88

沼本克明（1979）「平安時代に於ける日常漢語のアクセント」『国語国文』48（6）（沼本克明（1982）『平安鎌倉時代に於る日本漢字音に就ての研究』武蔵野書院　所収）

橋本進吉（1935）「盛者必衰」『洋光』2（橋本進吉（1959）『橋本進吉博士著作集　第4冊　国語音韻の研究』岩波書店　所収）

早田輝洋（1977）「生成アクセント論」『岩波講座日本語5　音韻』岩波書店

飛田良文（1968）「明治大正期における漢音呉音の交替」『近代語研究』2

松本　宙（1970）「連声現象の体系性をめぐる疑問」『国語学研究』10

屋名池　誠（2005）「現代日本語の字音読み取りの機構を論じ，「漢字音の一元化」に及ぶ」築島裕博士傘寿記念会編『（築島裕博士傘寿記念）国語学論集』汲古書院

【3章】

影山太郎（1993）『文法と語形成』ひつじ書房

木村秀次（1994）「漢字・漢語」（鎌田　正・田部井文雄監修（2003）『研究資料漢文学10　語法・句法 漢字・漢語』明治書院　所収）

黒田晃代（1981）「三字漢語の語構成」『京都教育大国文学会誌』16

斎賀秀夫（1957）「語構成の特質」岩淵悦太郎ほか編『講座現代国語学1』筑摩書房

佐藤喜代治編（1996）『漢字百科大事典』明治書院

朱　京偉（2004）「四字詞内部結構的中日比較」北京日本学研究センター編『日本学研究』14

朱　京偉（2015）「四字漢語の語構成パターンの変遷」『日本語の研究』11（2）

田中章夫（2009）「字音語の生態」『日本近代語研究』5

陳　力衛（2001）『和製漢語の形成とその展開』汲古書院

藤堂明保（1969）『漢語と日本語』秀英出版

野村雅昭（1974）「三字漢語の構造」国立国語研究所報告 51『電子計算機による国語研究 6』秀英出版

野村雅昭（1975）「四字漢語の構造」国立国語研究所報告 54『電子計算機による国語研究 7』秀英出版

松井利彦（2015）「明治前半期の接頭辞「不」と「無」」『近代語研究』18

山田孝雄（1940）『国語の中に於ける漢語の研究』宝文館出版

【4章】

国立国語研究所コーパス開発センター編（2012）『明六雑誌コーパス』［http://pj.ninjal.ac.jp/corpus_center/cmj/meiroku/］

国立国語研究所コーパス開発センター（冨士池優美・須永哲矢ほか）編（2014）『日本語歴史コーパス 平安時代編』（短単位データ 1.0 ／長単位データ 1.0, 中納言バージョン 1.5）［https://maro.ninjal.ac.jp］（2015 年 5 月 8 日確認）

国立国語研究所コーパス開発センター（市村太郎・渡辺由貴ほか）編（2015）『日本語歴史コーパス 室町時代編 I　狂言』（短単位データ 090 ／長単位データ 1.0, 中納言バージョン 1.5）［https://maro.ninjal.ac.jp］（2015 年 5 月 20 日確認）

近藤明日子（2012）「『明六雑誌コーパス』の語彙量」『近代語コーパス設計のための文献言語研究 成果報告書』12-03，国立国語研究所共同研究報告

佐藤喜代治（1998）『漢語漢字の研究』明治書院

山田孝雄（1940）『国語の中に於ける漢語の研究』宝文館

【5章】

浅野敏彦（1998）「漢語「運動」の語義変化―日本漢語の語義変化と明清俗語―」国語語彙史研究会編『国語語彙史の研究17』和泉書院

浅野敏彦（2004）「「光景」の語史―非連続な語義変化―」『同志社国文学』61

荒川清秀（2017）「〔書評〕孫建軍著『近代日本語の起源―幕末明治初期につくられた新漢語―』」『日本語の研究』13（1）

池上嘉彦（1975）『意味論』大修館書店

池上嘉彦（1978）『意味の世界』NHK ブックス

岡島昭浩（2009）「漢語から見た語彙史」安部清哉ほか著『シリーズ日本語史2　語彙史』岩波書店

小野正弘（1993）「「元気」」『日本語学』12（7）

郭　明輝・谷内美江子・磯部祐子（2011）『日中同形異義語1500―日本語と中国語の意味をより深く理解するための―』国際語学社

小林賢次（1993）「古代語の語彙・語彙史」『日本語要説』ひつじ書房

小林賢次（2001）「「重宝」と「調法」―狂言台本における使用状況とその語史―」『人文学報』**320**

阪倉篤義（2011）『〔増補〕日本語の語源』平凡社

佐藤喜代治（1971）『国語語彙の歴史的研究』明治書院

佐藤喜代治（1979）『日本の漢語』角川書店

佐藤　亨（1986）「漢語の意味の変遷と類義語・多義語―中世・近世を中心に―」『日本語学』5（9）

沈　国威（2008）『近代日中語彙交流史―新漢語の生成と受容（改訂新版）』笠間書院

沈　国威（2008）「漢字文化圏における近代西洋新概念の受容・交流・共有・異化に関する研究」2007年度JFE21世紀財団アジア歴史研究助成〔http://www.jfe-21st-cf.or.jp/furtherance/pdf_hokoku/2008/asia05.pdf〕

孫　建軍（2015）『近代日本語の起源―幕末明治初期につくられた新漢語―』早稲田大学出版部

高木千恵（2009）「関西若年層の新しいことば」『日本語学』28（14）

高橋久子（2012）「漢語の意味変化と新語の発生―「篇」を造語要素とする諸語をめぐって―」『国語と国文学』**89**（9）

趙　元任（1975）「中国語における語の概念，構造及びリズム」『中国現代言語学の開拓と発展 趙元任言語学論文選』清華大学出版社

曺　喜澈（1991）「日韓同形漢語の語義・用法の違い」『日本近代語研究1』ひつじ書房

張　麟声（2004）『日中ことばの漢ちがい』くろしお出版

陳　力衛（2005）「近世漢語の重層性について―対訳資料「唐音和解」（一七一六）を中心に―」『国

　　　　語語彙史の研究』**24**

陳　力衛（2008）『日本の諺・中国の諺—両国の文化の違いを知る』明治書院

陳　力衛（2012）「和製漢語と中国語」『比較日本学教育研究センター研究年報』**8**

戸川芳郎編（2000）『漢字の潮流』山川出版社

中田祝夫（1982）『日本語の世界4　日本の漢字』中央公論社

鳴海伸一（2008）「「一所」から「一緒」へ」『文芸研究』**165**

野村雅昭編（2013）『現代日本漢語の探究』東京堂出版

前田富祺（1985）『国語語彙史研究』明治書院

山田俊雄（1980）「漢語研究上の一問題—鲅鰊をめぐって—」柳田征司編『論集日本語研究13
　　　　中世語』有精堂

索　　引

編著者略歴

おき もり たく や
沖森卓也

1952 年　三重県に生まれる
1977 年　東京大学大学院人文科学研究
　　　　科国語国文学専門課程修士課
　　　　程修了
現　在　立教大学文学部教授
　　　　博士（文学）

ひ づめ しゅう じ
肥爪周二

1966 年　神奈川県に生まれる
1991 年　東京大学大学院人文科学研究
　　　　科国語国文学専攻修士課程修
　　　　了
現　在　東京大学大学院人文社会系研
　　　　究科教授
　　　　博士（文学）

日本語ライブラリー
漢　　語

定価はカバーに表示

2017 年 10 月 25 日　　初版第 1 刷
2022 年 7 月 25 日　　　　第 2 刷

編著者　沖　森　卓　也
　　　　肥　爪　周　二
発行者　朝　倉　誠　造
発行所　株式会社　朝　倉　書　店
　　　　東京都新宿区新小川町 6-29
　　　　郵便番号　162-8707
　　　　電　話　03 (3260) 0141
　　　　FAX　03 (3260) 0180
　　　　https://www.asakura.co.jp

〈検印省略〉

教文堂・渡辺製本

© 2017 〈無断複写・転載を禁ず〉

ISBN 978-4-254-51616-6　C 3381　　Printed in Japan

好評の事典・辞典・ハンドブック

脳科学大事典　　　　　　　　　　　　　甘利俊一ほか 編
　　　　　　　　　　　　　　　　　　　Ｂ５判 1032頁

視覚情報処理ハンドブック　　　　　　　日本視覚学会 編
　　　　　　　　　　　　　　　　　　　Ｂ５判 676頁

形の科学百科事典　　　　　　　　　　　形の科学会 編
　　　　　　　　　　　　　　　　　　　Ｂ５判 916頁

紙の文化事典　　　　　　　　　　　　　尾鍋史彦ほか 編
　　　　　　　　　　　　　　　　　　　Ａ５判 592頁

科学大博物館　　　　　　　　　　　　　橋本毅彦ほか 監訳
　　　　　　　　　　　　　　　　　　　Ａ５判 852頁

人間の許容限界事典　　　　　　　　　　山崎昌廣ほか 編
　　　　　　　　　　　　　　　　　　　Ｂ５判 1032頁

法則の辞典　　　　　　　　　　　　　　山崎　昶 編著
　　　　　　　　　　　　　　　　　　　Ａ５判 504頁

オックスフォード科学辞典　　　　　　　山崎　昶 訳
　　　　　　　　　　　　　　　　　　　Ｂ５判 936頁

カラー図説 理科の辞典　　　　　　　　山崎　昶 編訳
　　　　　　　　　　　　　　　　　　　Ａ４変判 260頁

デザイン事典　　　　　　　　　　　　　日本デザイン学会 編
　　　　　　　　　　　　　　　　　　　Ｂ５判 756頁

文化財科学の事典　　　　　　　　　　　馬淵久夫ほか 編
　　　　　　　　　　　　　　　　　　　Ａ５判 536頁

感情と思考の科学事典　　　　　　　　　北村英哉ほか 編
　　　　　　　　　　　　　　　　　　　Ａ５判 484頁

祭り・芸能・行事大辞典　　　　　　　　小島美子ほか 監修
　　　　　　　　　　　　　　　　　　　Ｂ５判 2228頁

言語の事典　　　　　　　　　　　　　　中島平三 編
　　　　　　　　　　　　　　　　　　　Ｂ５判 760頁

王朝文化辞典　　　　　　　　　　　　　山口明穂ほか 編
　　　　　　　　　　　　　　　　　　　Ｂ５判 616頁

計量国語学事典　　　　　　　　　　　　計量国語学会 編
　　　　　　　　　　　　　　　　　　　Ａ５判 448頁

現代心理学［理論］事典　　　　　　　　中島義明 編
　　　　　　　　　　　　　　　　　　　Ａ５判 836頁

心理学総合事典　　　　　　　　　　　　佐藤達也ほか 編
　　　　　　　　　　　　　　　　　　　Ｂ５判 792頁

郷土史大辞典　　　　　　　　　　　　　歴史学会 編
　　　　　　　　　　　　　　　　　　　Ｂ５判 1972頁

日本古代史事典　　　　　　　　　　　　阿部　猛 編
　　　　　　　　　　　　　　　　　　　Ａ５判 768頁

日本中世史事典　　　　　　　　　　　　阿部　猛ほか 編
　　　　　　　　　　　　　　　　　　　Ａ５判 920頁

価格・概要等は小社ホームページをご覧ください.